ATLAS ÉCONOMIQUE

DES RÉGIONS FRANÇAISES

Philippe **AYDALOT**
Elisabeth **DECOSTER**
Claude **POTTIER**
Muriel **TABARIES**
Pierre-Yves **TOUATI**

ECONOMICA
49, rue Héricart, 75015 Paris
1982

PRESENTATION

A l'heure de la décentralisation, il est nécessaire pour les régions de connaître leurs acquis, leur place dans l'économie et la société nationales. S'il n'est pas de bonne politique sans connaissance préalable de ses forces et de ses faiblesses, la règle vaut aussi pour les régions. C'est pourquoi un travail comme celui-ci s'impose. Sans doute, les statistiques régionales sont déjà fort développées, et l'INSEE a accompli un travail considérable, dont la diffusion est assurée par des publications nombreuses que nous n'entendons pas concurrencer ici [1].

Notre objectif est différent. Parmi les centaines, les milliers de mesures possibles, dans la foule des informations disponibles, comment choisir, comparer, trancher ? Derrière le chiffre brut, comment déceler les tendances, les renversements ? Dans le débat permanent où chaque région peut se sentir désavantagée, et souhaite bénéficier de la solidarité nationale, comment décider laquelle est en mauvaise position, laquelle possède au contraire les moyens d'un renouveau ?

Nous sommes parfaitement conscients du caractère artificiel des mesures faites au niveau régional. L'hétérogénéité des régions est bien souvent telle qu'en fait, on ne mesure qu'une moyenne peu significative, une cote grossièrement taillée entre les performances de la capitale régionale et celles d'une périphérie isolée. Nous avons choisi de présenter des cartes régionales pour une raison simple : avec la décentralisation et l'accroissement des prérogatives des régions, la région devient une «région plan» à défaut d'être toujours région homogène ou région polarisée. Ce sont presque toujours des données «normées» que nous avons choisies (taux d'évolution, rapports à une moyenne, données par habitant...) car les grandeurs régionales globales se bornent le plus souvent à mesurer la dimension des régions, en reproduisant la hiérarchie des populations régionales. S'il n'y avait qu'une région normande, les données globales seraient deux fois supérieures aux chiffres qu'on observe ; que, demain les découpages changent et les grandeurs régionales suivront hors de tout changement réel. Les données «par habitant» n'en demeurent pas moins trompeuses : l'Ile de France ne renferme qu'une grande agglomération, alors que d'autres régions regroupent la capitale régionale et son arrière-pays. Parfois même, on ne peut pas dire que la région associe une métropole et les zones qu'elle influence : qui peut dire que Alençon est la périphérie de Caen, ou que Mézières est l'arrière-pays de Reims ? Aussi imparfaite qu'elle soit, la région mérite cependant de devenir la base de l'appareil statistique décentralisé puisqu'elle va devenir la base de la planification locale.

Bien entendu, l'obligation de recourir à des sources fiables, récentes et disponibles pour chaque région interdit d'affiner les mesures, et contraint à des choix qui ne font

---

1. Parmi les publications de l'INSEE qui diffusent l'essentiel des connaissances régionales, citons la publication annuelle des Statistiques et Indicateurs des Régions Françaises, le *Panorama Economique des Régions Françaises* (série R 42-43), les publications de Comptabilité Régionale, de démographie régionale... De nombreuses données ayant servi de base aux cartes présentées ici ont déjà fait l'objet d'une diffusion dans ces publications.

qu'approcher les phénomènes qu'on souhaite mesurer. Si chaque carte parmi la centaine qui suivent, présente un intérêt spécifique, aucune ne prétend épuiser la mesure d'un processus économique, moins encore résumer à elle seule l'inégalité régionale.

C'est la confrontation des cartes, l'observation des contradictions apparentes qu'elles présentent, la comparaison des structures qu'elles mettent en évidence qui peuvent aider à pénétrer les processus de disparité dans l'espace français. Les différences observées sont-elles des inégalités ou des spécificités maintenues malgré des décennies d'uniformisation croissante ? constituent-elles des forces ou des faiblesses pour les régions, et pour la nation dans son ensemble ?

En parcourant les pages de cet atlas, la France apparaît comme un pays hétérogène, mais dont la structure ne se limite pas aux clivages simplistes dans lesquels on croit souvent pouvoir la résumer. La France, ce n'est pas Paris «contre» le désert français, ce n'est pas davantage une France industrielle du Nord qui opprimerait une France du Midi dépendante et exploitée, pas non plus une France riche de l'Est face à une France rurale de l'Ouest. Les clichés se superposent ; et si une carte semble conforter tel clivage, une autre s'y oppose.

Dans cet Atlas, nous avons volontairement cherché à rompre avec une vision trop simple de la structure de l'espace français. Il n'y a pas de clivage indiscutable entre une France riche et une France pauvre, la première qui serait industrielle et dynamique, la seconde qui, exclue des grands courants d'industrialisation, serait demeurée agricole et stagnante. C'est à une réalité plus fine, moins aisément saisissable que la lecture de ces pages nous fera participer.

●

Dans l'ensemble, les cartes ont été établies en utilisant des ombrages dégradés. Mais dans certains cas, il nous a semblé utile de matérialiser plus clairement des ruptures (notamment dans le cas de données négatives) ; alors des pointillés s'opposeront aux diverses nuances de grisé.

Les limites de classes ont été choisies non pas en fixant des limites a priori, mais en favorisant les regroupements des régions aux performances voisines et en maximisant les écarts entre les classes.

Une difficulté est apparue pour la Corse qui ne dispose pas de données qui lui seraient propres pour tous les phénomènes étudiés. On a placé en tête de chaque carte un chiffre (1, 2, 3) précisant si (1) l'information manque, (2) la donnée concerne l'ensemble de l'ancienne région Provence-Côte d'Azur-Corse, (3) l'information est propre à la région Corse.

Chaque fois qu'un losange noir est inscrit sur une région, cela signifie que l'information manquait ou que la région a été volontairement exclue de la mesure du phénomène étudié.

RÉGIONS ET CAPITALES RÉGIONALES

I

L'INEGALITE INTER-REGIONALE

Chacun a en tête une idée claire des hiérarchies régionales en France. Ainsi, on s'accordera souvent à placer dans l'ordre, Paris, Lyon, les régions de l'Est... tandis que la France de l'Ouest et du Sud-Ouest, et spécialement les régions du Massif central sembleront être les parents pauvres de la croissance économique, les régions laissées pour compte.

Comment vérifier ces intuitions ? On peut mesurer les revenus ou les consommations, par exemple les taux d'équipement en biens de consommation durable. Mais il faut comprendre qu'à raisonner ainsi, on s'expose à des désillusions : tel équipement marquant une hiérarchie claire des régions en 1960 n'exprime plus grand chose 20 ans plus tard, alors qu'un autre indicateur pourrait prendre la relève, mais ce dernier n'est pas disponible en 1960 et les comparaisons ne sont pas possibles.

Selon le choix effectué, les résultats changent : qui penserait que la région parisienne vient en queue pour le parc automobile par habitant ? Depuis 15 ans les rattrapages sont évidents pour le téléphone, la télévision et même le revenu par habitant.

Sans doute la lecture de cet atlas permettra à chacun de sélectionner les indicateurs de l'inégalité qui lui semblent le mieux adaptés à ses desseins. Ici, on va se limiter à cinq critères possibles de mesure des hiérarchies : le revenu, l'initiative, l'innovation, la qualification, enfin le pouvoir de décision.

1.1 PART DES REGIONS DANS LES RECETTES DU BUDGET GENERAL DE L'ETAT, 1978.
(Ile-de-France = 43,4 % exclue) (3)

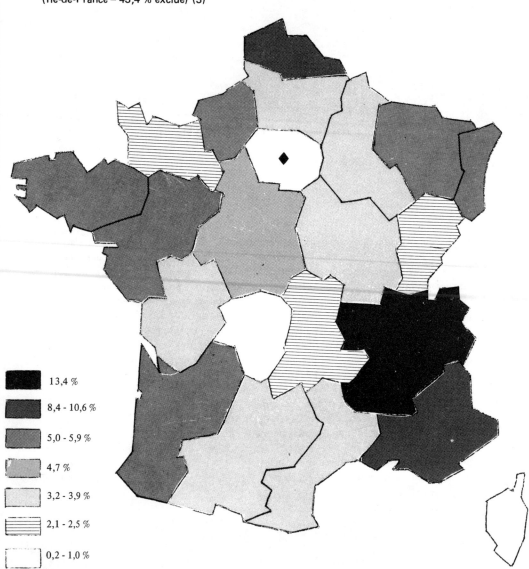

■	13,4 %
▨	8,4 - 10,6 %
▨	5,0 - 5,9 %
▨	4,7 %
□	3,2 - 3,9 %
▤	2,1 - 2,5 %
▢	0,2 - 1,0 %

On découvre ici une image synthétique du poids économique des régions : la masse totale des impôts prélevés dans les régions exprime les lieux où les revenus sont perçus et dépensés ; elle exprime également la localisation du pouvoir : qu'il s'agisse de l'impôt sur les sociétés perçu au siège de l'entreprise, ou de la taxe représentative des salaires du secteur public, perçue à Paris et mesurant la concentration parisienne du pouvoir politique et administratif, c'est bien l'illustration du poids des régions qu'on trouve ici. L'Ile de France mise à part (43 % du total national), la hiérarchie des régions qui s'établit correspond bien à l'idée que chacun peut en avoir.

Source : *Ministère du Budget.*

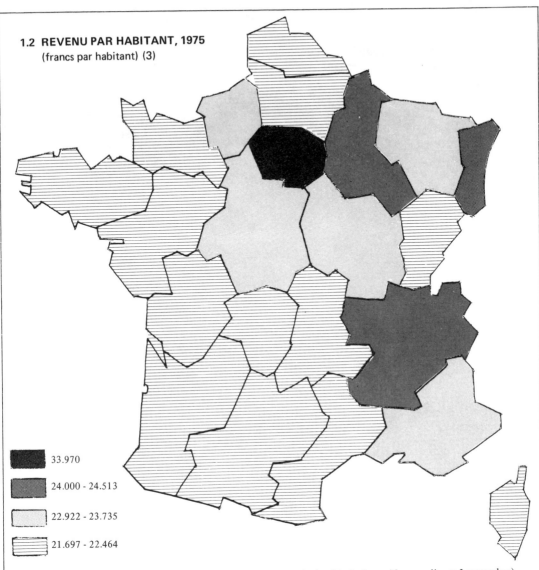

1.2 REVENU PAR HABITANT, 1975
(francs par habitant) (3)

33.970

24.000 - 24.513

22.922 - 23.735

21.697 - 22.464

Si les 9 régions de la fraction Ouest-Sud-Ouest du territoire (de la Basse Normandie au Languedoc) se trouvent dans le groupe des 13 régions qui ont le revenu le plus faible, ce qui confirme le vieux clivage traditionnel entre France de l'Ouest et France de l'Est, il faut noter que les niveaux atteints par les régions sont très voisins. Sans doute la région Ile de France tranche nettement ; mais la région classée 22ème n'est qu'à 11,5 % au dessous du niveau atteint dans la région classée 2ème.

La hiérarchie qui se dessine est assez clairement liée au taux d'urbanisation et à la proportion des grandes villes dans la population régionale (le coefficient de corrélation entre le revenu par habitant 1975 et le pourcentage de la population régionale résidant dans des unités urbaines de plus de 20.000 habitants atteint + 0,70). Ceci peut faire l'objet de deux interprétations opposées : en relevant que les grandes villes présentent une structure socio-professionnelle supérieure, et par là, des revenus plus élevés, mais aussi en se demandant si les coûts de la vie supérieurs dans les grandes villes n'imposent pas une compensation salariale (sans que le niveau de vie y soit vraiment plus élevé).

Source : *Comptes régionaux des ménages*.

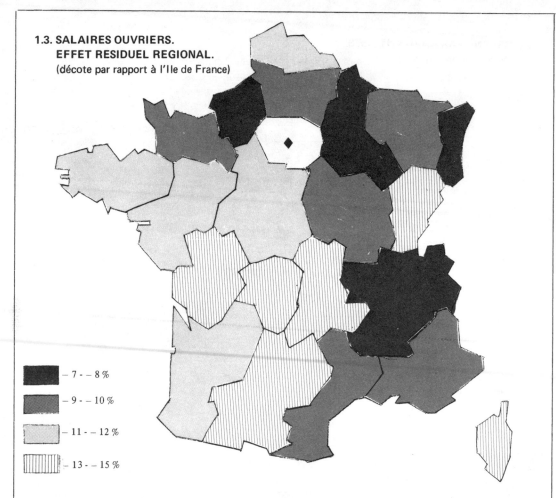

**1.3. SALAIRES OUVRIERS.
EFFET RESIDUEL REGIONAL.**
(décote par rapport à l'Ile de France)

- 7 - - 8 %

- 9 - - 10 %

- 11 - - 12 %

- 13 - - 15 %

La carte mesure les écarts par rapport à l'Ile de France. Elle permet une véritable comparaison des niveaux de salaires dans les régions ; en effet, il ne sert pas à grand chose de comparer des salaires moyens qui incorporent deux composantes bien différentes : l'écart entre les salaires perçus par deux travailleurs placés dans les mêmes conditions et accomplissant la même tâche dans deux régions différentes, et l'écart dans la structure de la force de travail. Quand on observe des différences énormes dans les salaires moyens perçus à Paris et dans telle ville de province, quelle interprétation choisir ? Ici, utilisant le travail d'un statisticien de l'INSEE, on a éliminé l'impact de facteurs tels que la structure socio-professionnelle, l'âge, le sexe, la qualification, la nationalité, et l'on ne compare plus que des salaires perçus par des travailleurs strictement comparables à la seule différence de leur région de résidence. Les écarts entre l'Ile de France et la région la plus mal placée atteignent 15 % ; ils se limitent à 8 % entre la région classée 2ème et la dernière.

Comment interpréter ces résultats ? Sans doute le quart Sud-Ouest du pays paraît défavorisé. Mais, comme on le montrait pour les différences de revenu par tête, deux analyses peuvent être proposées : si l'on fait l'hypothèse selon laquelle le salaire est l'expression des conditions dans lesquelles est placé le travailleur (toutes choses égales quant aux rapports de force), ces écarts limités peuvent exprimer les coûts différents supportés par les travailleurs dans leur vie quotidienne dans les différentes régions. Ainsi, le coefficient de corrélation avec le taux d'urbanisation (limite de 20.000 habitants) atteint 0,71 ce qui est tout à fait significatif, mais qui peut bien sûr faire l'objet d'interprétations variées...

Source : D. Depardieu, «Où rechercher les disparités de salaires ?», *Economie et Statistique*, février 1981.

LE TAUX D'EQUIPEMENT DES MENAGES EN BIENS DE CONFORT

Si l'on pense généralement des biens de consommation durable qu'ils sont représentatifs du niveau de vie, il faut prendre des précautions dans l'interprétation des résultats. Les deux cartes présentées ici surprendront peut-être certains lecteurs : l'Ile de France vient en avant-dernière position pour l'équipement en télévisions comme pour la possession d'une automobile. On se livrera plus loin à une analyse plus précise de la répartition régionale de ce type de biens. Signalons seulement ici qu'à tout exemple concourant à une conclusion, on peut opposer sans peine plusieurs exemples autorisant la conclusion inverse.

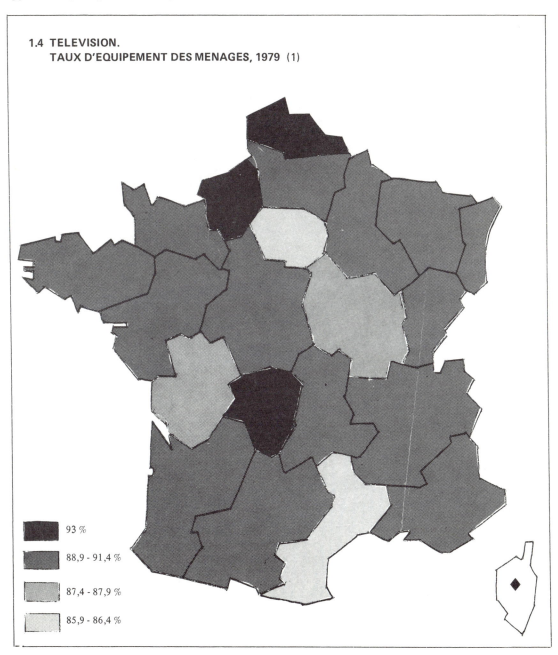

1.4 TELEVISION.
TAUX D'EQUIPEMENT DES MENAGES, 1979 (1)

93 %

88,9 - 91,4 %

87,4 - 87,9 %

85,9 - 86,4 %

1.5 AUTOMOBILE.
    TAUX D'EQUIPEMENT DES MENAGES, 1979 (2)

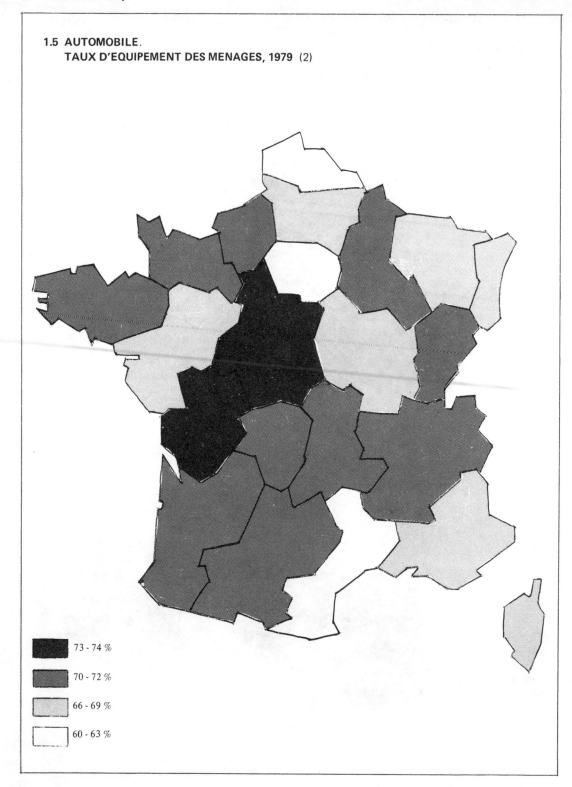

73 - 74 %

70 - 72 %

66 - 69 %

60 - 63 %

NATURE ET QUALIFICATION DES EMPLOIS

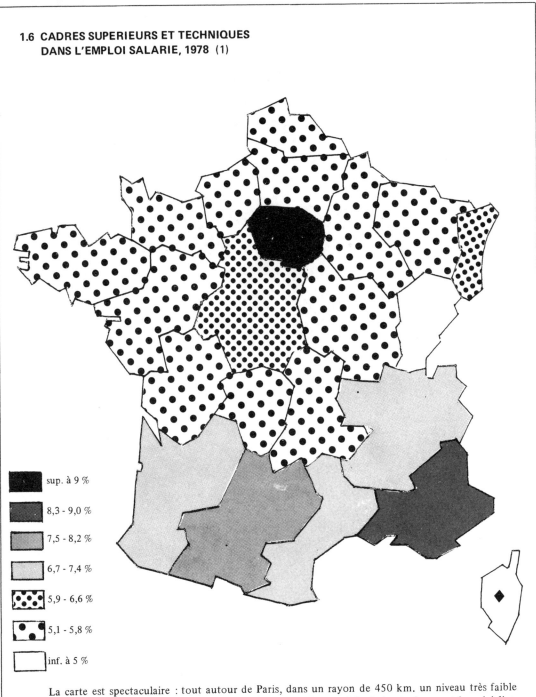

**1.6 CADRES SUPERIEURS ET TECHNIQUES
DANS L'EMPLOI SALARIE, 1978** (1)

sup. à 9 %

8,3 - 9,0 %

7,5 - 8,2 %

6,7 - 7,4 %

5,9 - 6,6 %

5,1 - 5,8 %

inf. à 5 %

La carte est spectaculaire : tout autour de Paris, dans un rayon de 450 km. un niveau très faible montre clairement la puissance d'aspiration de Paris pour les emplois de haut niveau, et la spécialisation régionale qui en découle. Ce n'est qu'à une distance élevée et en prenant appui sur des grandes villes (Lyon, Strasbourg, Marseille, Toulouse, Bordeaux) que les régions périphériques bénéficient d'un niveau satisfaisant.

Source : Enquête Structure des Emplois.

1.7 PART DE L'EMPLOI TERTIAIRE DANS L'INDUSTRIE, 1978 (1)

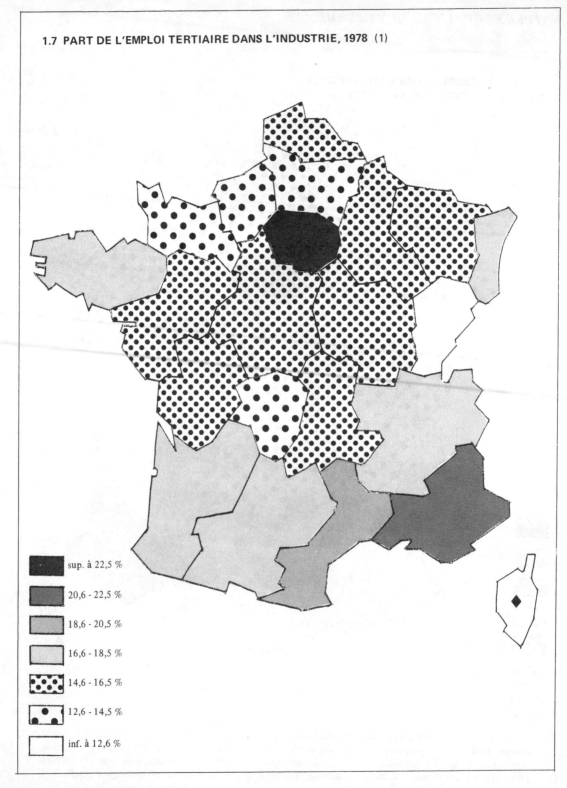

sup. à 22,5 %

20,6 - 22,5 %

18,6 - 20,5 %

16,6 - 18,5 %

14,6 - 16,5 %

12,6 - 14,5 %

inf. à 12,6 %

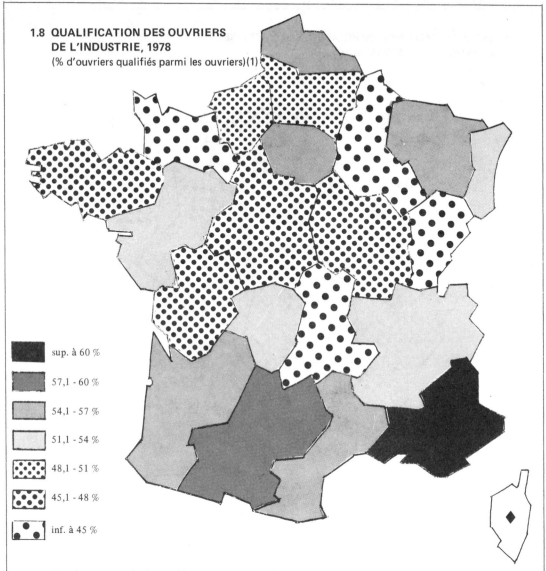

1.8 QUALIFICATION DES OUVRIERS DE L'INDUSTRIE, 1978

(% d'ouvriers qualifiés parmi les ouvriers)(1)

sup. à 60 %

57,1 - 60 %

54,1 - 57 %

51,1 - 54 %

48,1 - 51 %

45,1 - 48 %

inf. à 45 %

Ces deux cartes (1.7 et 1.8) expriment un phénomène assez voisin et donnent des résultats proches de ceux découlant de la carte précédente : les fonctions tertiaires dans l'industrie (administratives, commerciales, de recherche...) sont fortement concentrées à Paris (surtout au sein des plus grandes entreprises). Elles ne connaissent en province un développement satisfaisant que dans la région méditerranéenne à 700 kms de Paris.

Dans les activités de production, la qualification ouvrière présente une structure régionale voisine : seules les régions éloignées de la capitale, qui n'ont guère reçu de décentralisations et possèdent un appareil industriel qui n'est pas complètement subordonné, ont une qualification ouvrière élevée (supérieure dans plusieurs régions au niveau parisien). Dans le Nord et en Lorraine, les chiffres s'expliquent par un appareil industriel marqué par la sidérurgie ; alors que dans le Midi, il s'agit d'un tissu industriel tout différent moins marqué par les grandes entreprises, et davantage par des secteurs de pointe (aéronautique, micro-processeurs...).

Source : *Enquête Structure des Emplois*

1.9 SIEGES SOCIAUX DES 500 PREMIERES ENTREPRISES ET GROUPES FRANCAIS, 1976

(Ile de France exclue) (3)

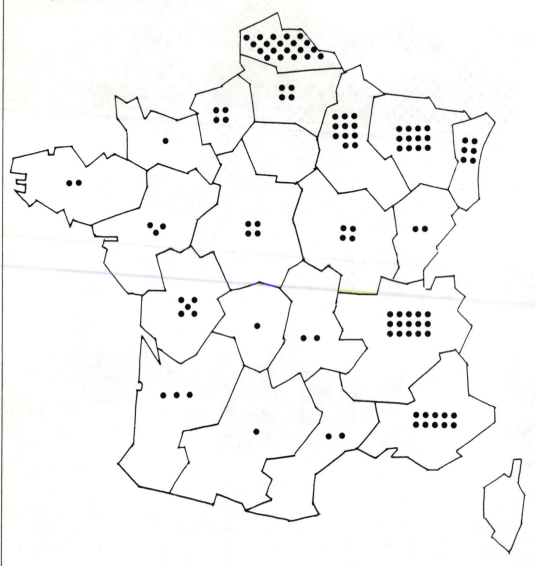

   L'Ile de France comptant 388 sièges, soit près de 4/5, nous l'avons exclue de la carte. Il demeure donc 112 sièges dont on voit qu'ils sont relativement concentrés dans les 4 régions du Nord - Nord-Est, alors qu'on n'en trouve que 24 dans les 10 régions situées à l'Ouest de la ligne Le Havre - Marseille. Le Sud-Ouest apparaît donc un peu isolé : un faible pouvoir de domination, mais aussi, on le verra, une faible dépendance.

Source : *Association Bureaux-Province.*

**1.10   COEFFICIENT DE DEPENDANCE
DES REGIONS, 1975 (1)**

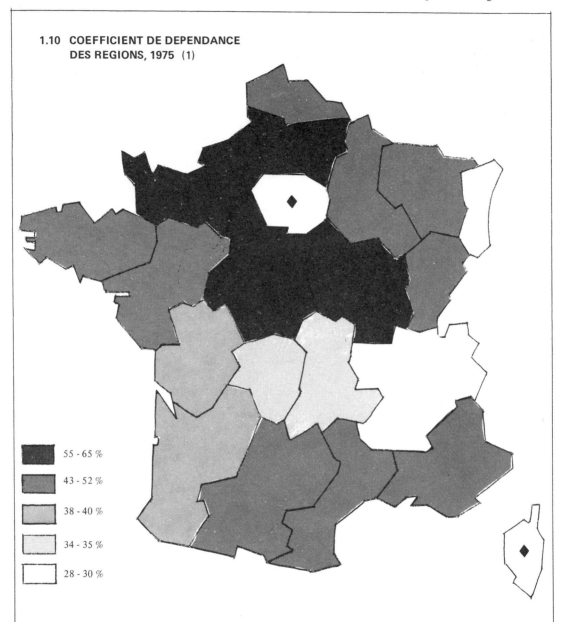

55 - 65 %

43 - 52 %

38 - 40 %

34 - 35 %

28 - 30 %

La carte exprime des phénomènes qui ressortaient des cartes précédentes : avec la concentration du capital industriel des années 50 et 60, avec les décentralisations industrielles d'initiative parisienne, l'Ile de France a accentué son pouvoir sur le territoire français, spécialement dans les zones qui ont fait l'objet de ces décentralisations : dans 5 des 6 régions du Bassin Parisien, le coefficient de dépendance (part des salariés de la région dépendant d'un centre de décision extérieur à celle-ci) dépasse 55 %. Au sud d'une ligne Poitiers-Genève, le coefficient est toujours inférieur à 43 %. Les régions les plus «solides» (Rhône-Alpes et Alsace) ont seules un taux inférieur à 30 %.

Source : *Travaux du Centre d'Economie Régionale d'Aix-en-Provence.*

**1.11 SPECIALISATION DES REGIONS
DANS LA RECHERCHE INDUSTRIELLE, 1977**
(Bassin Parisien traité comme une région) (1)

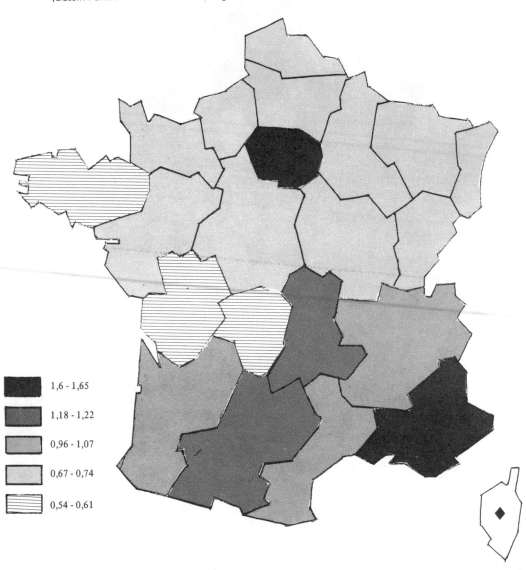

Légende :
- 1,6 - 1,65
- 1,18 - 1,22
- 0,96 - 1,07
- 0,67 - 0,74
- 0,54 - 0,61

   Ce coefficient est le rapport entre la part de la région dans les effectifs nationaux de la recherche industrielle et la part de la même région dans les effectifs industriels nationaux. La carte montre comment la dynamique de la concentration/décentralisation des années 50-70 a concentré sur l'Ile-de-France la recherche industrielle tandis que seules les régions plus lointaines et demeurées moins dépendantes présentent un bilan positif.

Source : *Enquête Structure des Emplois*, exploitation B. Planque, CER d'Aix.

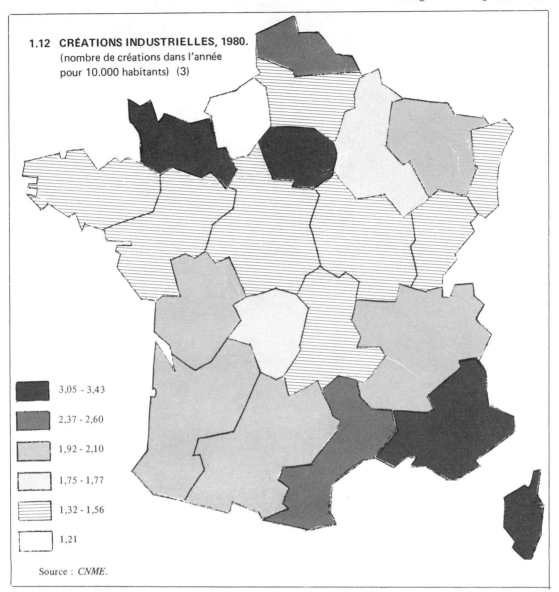

1.12 CRÉATIONS INDUSTRIELLES, 1980.
(nombre de créations dans l'année
pour 10.000 habitants) (3)

3,05 - 3,43

2,37 - 2,60

1,92 - 2,10

1,75 - 1,77

1,32 - 1,56

1,21

Source : *CNME*.

Les créations et défaillances sont rapportées à la population régionale. La première carte (1.12) mesure l'initiative, la seconde (1.13) la fragilité des économies régionales. Le bilan global pour la France en cette année 1980 est nettement négatif : plus de 17.000 disparitions contre moins de 11.000 créations. Seules deux régions, parmi les plus pauvres : la Corse et la Basse Normandie, présentent un bilan positif. Mais l'Ile de France a «perdu» 1.700 entreprises, la Provence 700, la région Rhône-Alpes 400...

Dans l'ensemble, l'observation marquante concerne le dynamisme élevé du Midi : 7 des 11 régions dont les taux de créations dépassent 1,92 pour 10.000 habitants sont les plus méridionales du pays. A l'inverse, les régions du Bassin Parisien qui ont accueilli le maximum de décentralisations et qui offrent le taux de dépendance le plus élevé font preuve du dynamisme le plus faible.

La carte des défaillances industrielles n'est pas sans relation avec la précédente ; on y observe des zones de «stabilité» (le Massif Central) et des zones de turbulences (le Midi méditerranéen, le Nord, l'Ile de France).

1.13   DEFAILLANCES INDUSTRIELLES, 1980.
  (nombre de défaillances dans l'année pour 10.000 habitants) (3)

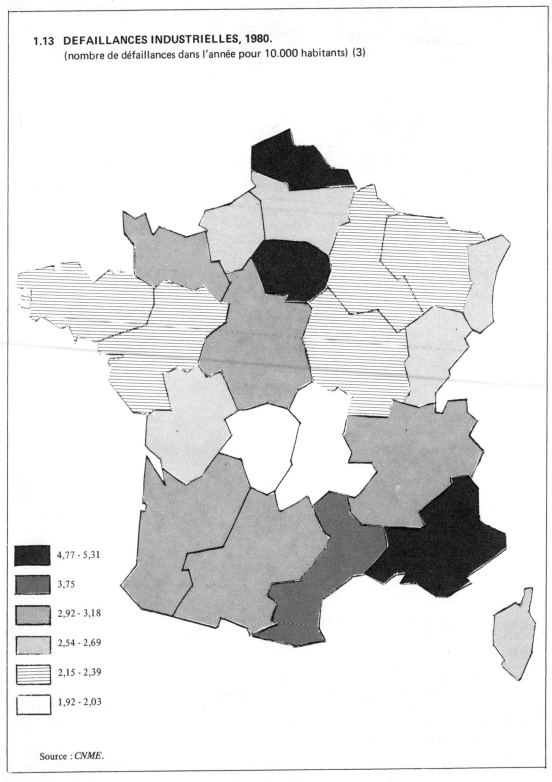

■	4,77 - 5,31
■	3,75
▨	2,92 - 3,18
▨	2,54 - 2,69
▤	2,15 - 2,39
□	1,92 - 2,03

Source : *CNME*.

2

TRAVAIL ET CAPITAL

On va passer en revue ici ces deux bases des économies régionales que sont le travail (la main-d'œuvre, son origine, sa formation), et le capital (l'épargne, l'origine des investissements, les revenus du capital).

LE TRAVAIL

L'industrialisation des années 60 et 70 s'est appuyée sur la mise au travail d'une main-d'œuvre industrielle nouvelle, formée notamment d'agriculteurs, de femmes, d'immigrés.

Trois cartes sont proposées qui montrent l'extension de l'activité non agricole chez les agriculteurs : la proportion des agriculteurs ayant une activité extérieure à l'agriculture s'est accrue dans toutes les régions ; elle dépasse, dans certaines d'entre elles, le tiers de l'effectif des chefs d'exploitation. Les cartes montrent également dans quelles régions l'activité extérieure des agriculteurs est ouvrière (sourtout les régions de l'Est, alors que dans le Midi, moins du quart de ces emplois extérieurs sont ouvriers).

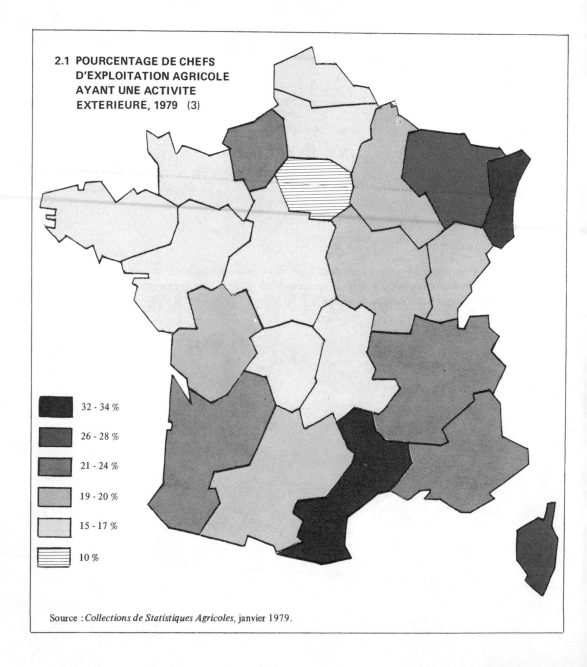

2.1 POURCENTAGE DE CHEFS D'EXPLOITATION AGRICOLE AYANT UNE ACTIVITE EXTERIEURE, 1979 (3)

32 - 34 %

26 - 28 %

21 - 24 %

19 - 20 %

15 - 17 %

10 %

Source : *Collections de Statistiques Agricoles,* janvier 1979.

2.2 ÉVOLUTION DE LA PROPORTION DES CHEFS D'EXPLOITATION TRAVAILLANT A TEMPS COMPLET SUR L'EXPLOITATION, 1975.
1963 = 100   (3)

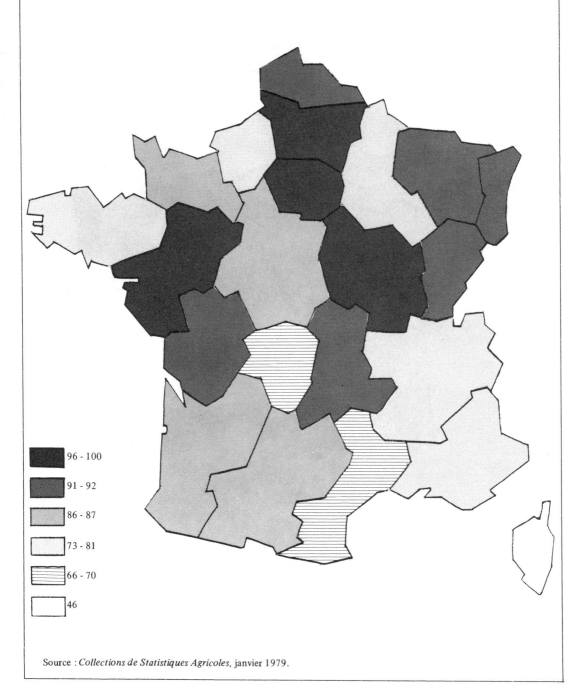

96 - 100

91 - 92

86 - 87

73 - 81

66 - 70

46

Source : *Collections de Statistiques Agricoles*, janvier 1979.

2.3 PART DE L'ACTIVITE OUVRIERE AU SEIN DES ACTIVITES EXTERIEURES DES CHEFS D'EXPLOITATION, 1975 (3)

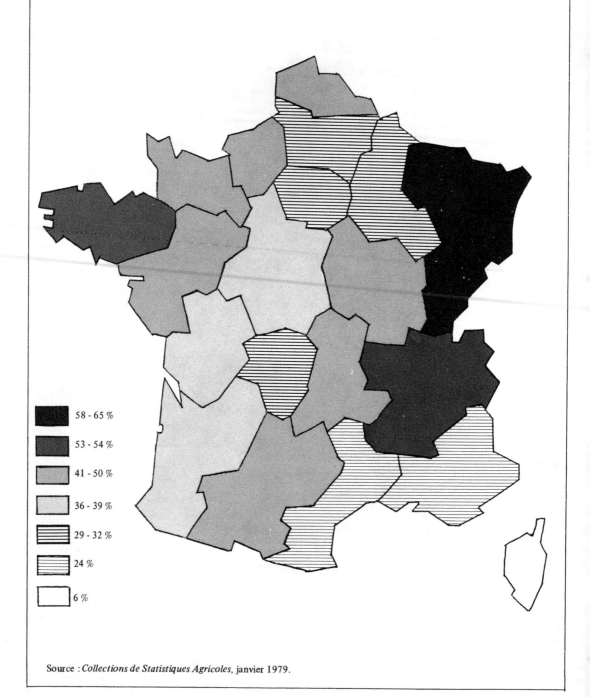

58 - 65 %

53 - 54 %

41 - 50 %

36 - 39 %

29 - 32 %

24 %

6 %

Source : *Collections de Statistiques Agricoles*, janvier 1979.

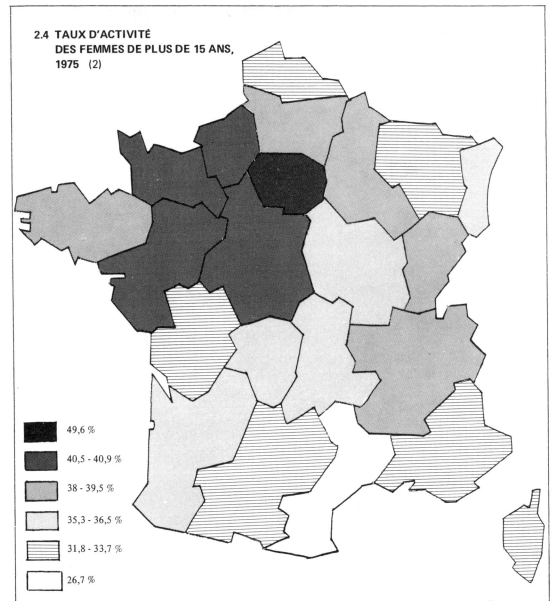

**2.4 TAUX D'ACTIVITÉ
DES FEMMES DE PLUS DE 15 ANS,
1975** (2)

49,6 %

40,5 - 40,9 %

38 - 39,5 %

35,3 - 36,5 %

31,8 - 33,7 %

26,7 %

La carte est spectaculaire : c'est dans les régions de décentralisation, à l'Ouest de l'Ile de France, que l'on observe les taux d'activité féminins les plus élevés (à l'exception de l'Ile de France où une femme sur deux travaille). A l'inverse, une femme sur quatre seulement est active dans le Languedoc.

Deux groupes de régions ne présentent qu'une faible activité féminine : les vieilles régions industrielles qui offrent traditionnellement un grand nombre d'emplois «masculins» (dans la mine, la sidérurgie...) et les régions du Midi où la présence d'un fort secteur tertiaire ne se traduit pourtant pas par un emploi féminin important.

Dans les régions de décentralisation industrielle, on a la confirmation du fait que c'est la mise au travail des femmes qui a facilité l'industrialisation, comme le montreront également les cartes suivantes.

Source : *Recensement de la population, 1975.*

ÉVOLUTION DE L'EMPLOI FEMININ DANS L'INDUSTRIE ENTRE 1968 et 1975

(Recensements de population, 1968 et 1975)

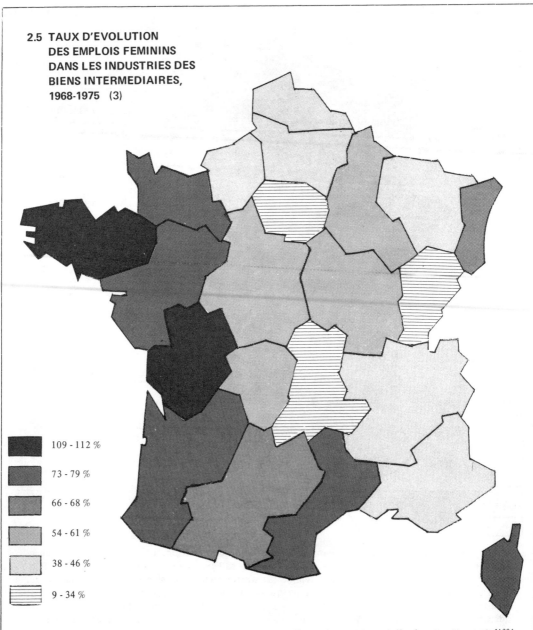

**2.5 TAUX D'EVOLUTION
DES EMPLOIS FEMININS
DANS LES INDUSTRIES DES
BIENS INTERMEDIAIRES,
1968-1975 (3)**

109 - 112 %

73 - 79 %

66 - 68 %

54 - 61 %

38 - 46 %

9 - 34 %

Pour l'industrie des biens intermédiaires, les taux d'accroissement sont élevés, et nettement différenciés d'une région à l'autre : ce sont les régions de l'Ouest et du Sud-Ouest, et d'abord la Bretagne et le Poitou-Charentes (avec des taux d'accroissement supérieurs à 100 % en 7 ans) qui témoignent de l'apport des femmes à l'industrialisation.

Source : *Recensements de population, 1968 et 1975.*

**2.6 PART DES FEMMES
DANS LES CREATIONS D'EMPLOIS
DE LA CONSTRUCTION ELECTRIQUE,
1968-1975**
(Ile de France = Calcul sans objet
— emploi en baisse) (2)

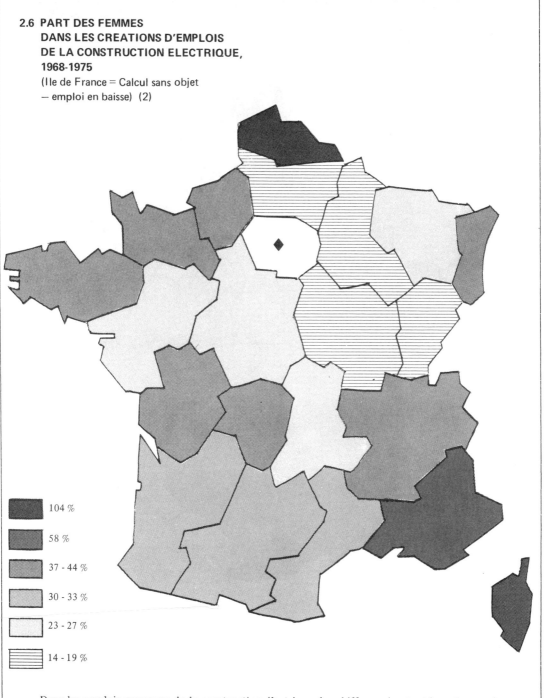

104 %

58 %

37 - 44 %

30 - 33 %

23 - 27 %

14 - 19 %

Dans les emplois nouveaux de la construction électrique, les chiffres présentent les mêmes ordres de grandeur, mais le clivage entre les régions de décentralisation et les autres n'apparaît pas.

Source : *Recensements de population, 1968 et 1975.*

**2.7 PART DES FEMMES
DANS L'EVOLUTION DE LA C.S.P.
OUVRIERS, 1968-75** (3)

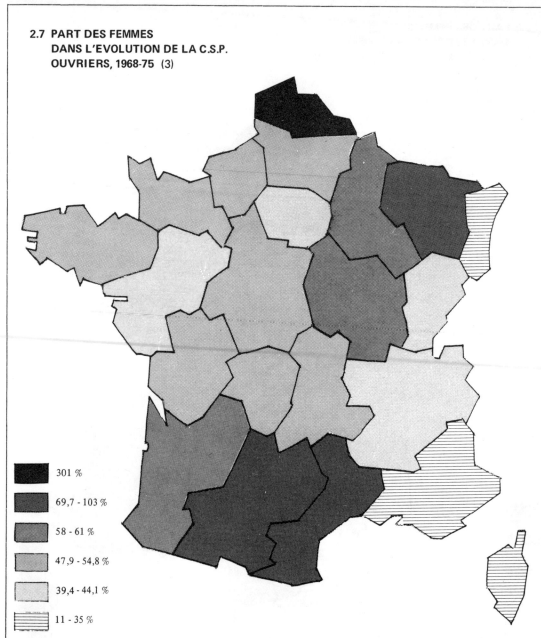

■	301 %
▨	69,7 - 103 %
▨	58 - 61 %
▨	47,9 - 54,8 %
▨	39,4 - 44,1 %
▤	11 - 35 %

Cette carte, plus générale, montre qu'à la seule exception de deux régions, les femmes ont constitué plus de 40 % des nouveaux ouvriers (et, pour 7 régions, plus de 58 %) alors qu'elles ne représentaient environ que 25 % des emplois ouvriers en 1968. Les femmes reconquièrent ainsi des taux de participation à l'activité ouvrière qu'elles connaissaient au début du siècle et qui avaient régulièrement diminué jusqu'en 1960. On voit que, si les régions de décentralisation présentent des chiffres homogènes — autour de 50 à 60 % — les niveaux les plus élevés sont atteints dans les régions où leur taux d'activité était le plus faible.

Source : *Recensements de population, 1968 et 1975.*

2.8 PROPORTION DE SALARIES ETRANGERS, oct. 1976

(part dans la population active) (2)

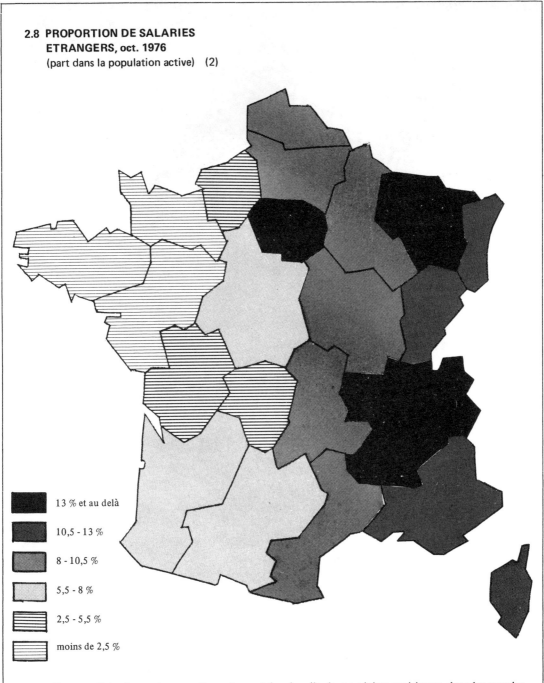

13 % et au delà

10,5 - 13 %

8 - 10,5 %

5,5 - 8 %

2,5 - 5,5 %

moins de 2,5 %

Leur participation est proportionnellement la plus élevée en région parisienne, dans les grandes villes, les régions frontalières et les régions de tradition ouvrière. Par contre, l'Ouest du pays, à la fois rural, moins industrialisé et périphérique, attire peu les travailleurs immigrés ; la dégressivité des taux de l'Est à l'Ouest est claire.

Source : *Ministère du Travail.*

LA FORMATION DES TRAVAILLEURS

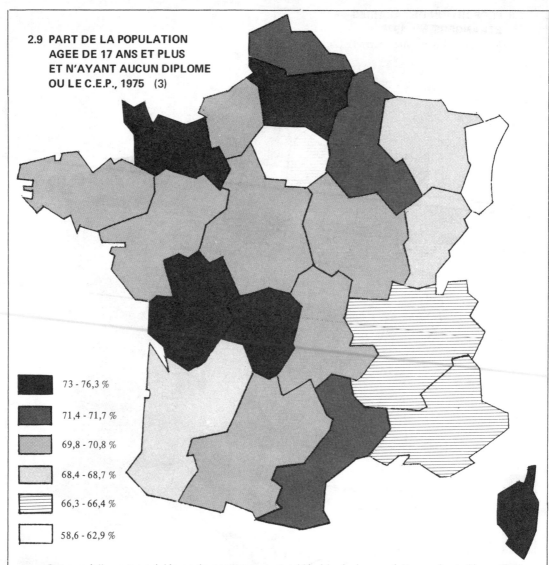

**2.9 PART DE LA POPULATION
AGEE DE 17 ANS ET PLUS
ET N'AYANT AUCUN DIPLOME
OU LE C.E.P., 1975   (3)**

73 - 76,3 %

71,4 - 71,7 %

69,8 - 70,8 %

68,4 - 68,7 %

66,3 - 66,4 %

58,6 - 62,9 %

    Outre qu'elle met en évidence le pourcentage considérable de la population qui est dépourvue de tout diplôme (puisque même en Ile de France, près de 60 % de la population adulte est dans ce cas), cette carte appelle quelques commentaires.

    Pour l'essentiel, les indications qu'elle offre étaient largement prévisibles : la région parisienne, l'Alsace, la région lyonnaise et la Provence présentent les taux les plus faibles, tandis que les régions les plus mal placées sous ce chapitre sont celles qui ne possèdent pas de grandes villes (et notamment pas de grandes villes universitaires) et sont les plus rurales.

corrélation avec :
— le taux d'urbanisation (limite des 2.000 hts) : − 0,75.
— le taux d'urbanisation (limite des 100.000 hts) : − 0,77.

Source : *Recensement de la population, 1975.*

**2.10 NOMBRE DE C.A.P. DELIVRES
EN 1978 RAPPORTES A LA
POPULATION DE LA CLASSE
D'AGE 15-19 ANS (3)**

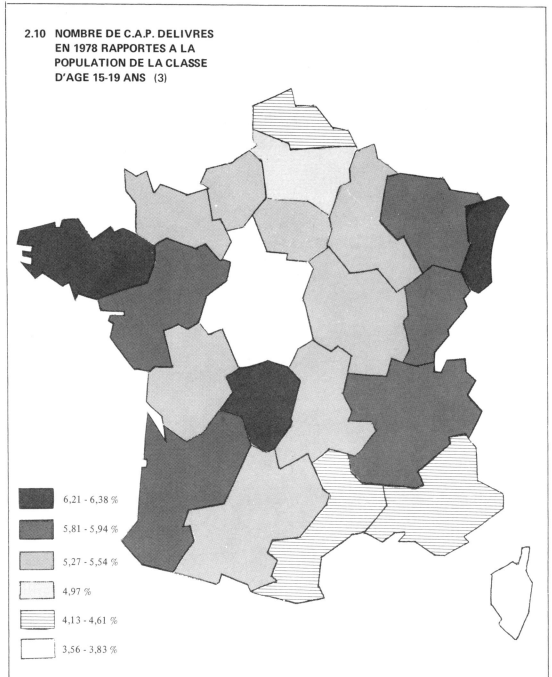

6,21 - 6,38 %

5,81 - 5,94 %

5,27 - 5,54 %

4,97 %

4,13 - 4,61 %

3,56 - 3,83 %

   Cette carte, difficile à interpréter, exprime l'effort régional en matière de formation d'une main-d'œuvre ouvrière qualifiée. Le Nord, le Midi, et même la région Centre, pourtant grande bénéficiaire des décentralisations industrielles, présentent des taux peu élevés, alors que l'Est et l'Ouest du pays font un effort important de formation au travail industriel.

Source : *Recensement de la population, 1975.*

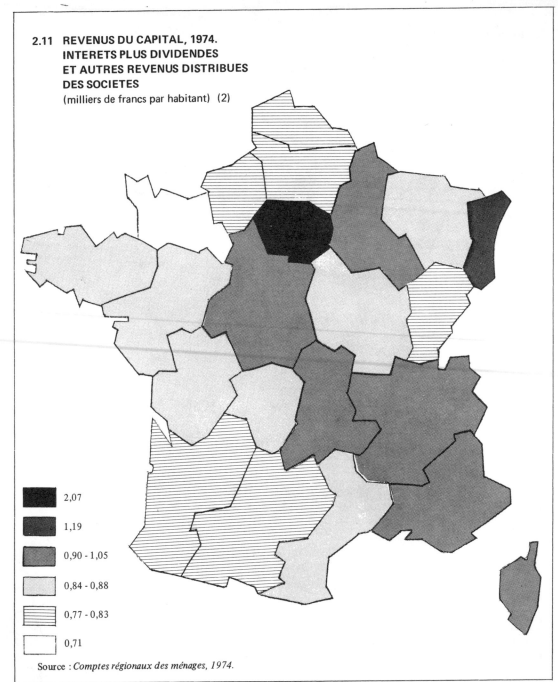

2.11   REVENUS DU CAPITAL, 1974.
INTERETS PLUS DIVIDENDES
ET AUTRES REVENUS DISTRIBUES
DES SOCIETES
(milliers de francs par habitant) (2)

2,07

1,19

0,90 - 1,05

0,84 - 0,88

0,77 - 0,83

0,71

Source : *Comptes régionaux des ménages, 1974.*

    Les deux cartes (2.11 et 2.12) sont dans une certaine mesure la réciproque l'une de l'autre : là où le revenu du capital des sociétés est important, celui des entreprises individuelles ne l'est pas, et réciproquement. La petite industrie domine dans le Bassin Parisien, l'Ouest, le Sud-Ouest, alors que la grande industrie domine en région parisienne et dans les régions de tradition industrielle.

2.12 EXCEDENT BRUT D'EXPLOITATION DES ENTREPRENEURS INDIVIDUELS
(par habitant - 1974 - en milliers de francs) (2)

■	5,45
▨	4,70 - 5,02
▢	4,32 - 4,51
▢	4,14
▤	3,33 - 3,85
▢	2,96 - 3,12

Source : *Comptes régionaux des ménages, 1974.*

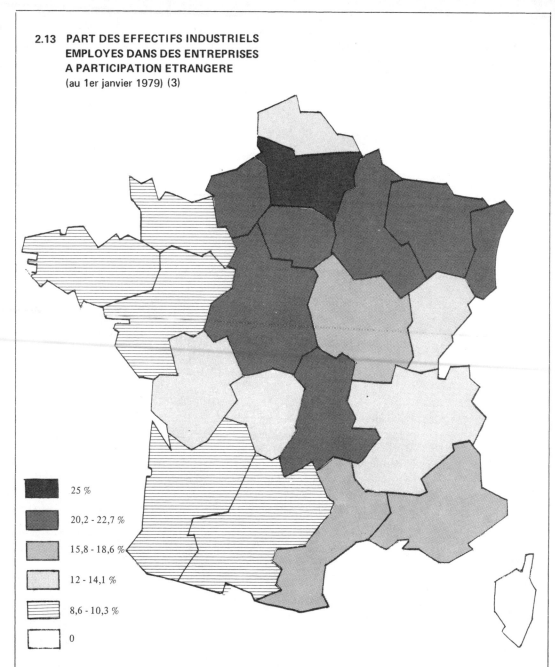

**2.13   PART DES EFFECTIFS INDUSTRIELS
EMPLOYES DANS DES ENTREPRISES
A PARTICIPATION ETRANGERE**
(au 1er janvier 1979) (3)

25 %

20,2 - 22,7 %

15,8 - 18,6 %

12 - 14,1 %

8,6 - 10,3 %

0

Cette carte prend en considération les entreprises ayant une participation étrangère supérieure à 25 % du capital ; elle n'indique pas la répartition du capital étranger sur le territoire, mais la part de celui-ci dans l'industrie régionale (rapportant les effectifs contrôlés par le capital étranger à l'effectif régional total). En valeur absolue, la région Ile de France viendrait en tête, mais on voit ici une préférence relative du capital étranger pour les régions industrielles, l'Est étant relativement délaissé.

Source : *Ministère de l'Industrie (STISI).*

3

LA DIVISION DU TRAVAIL DANS LES REGIONS

Les régions sont souvent spécialisées de longue date au point que l'on parle parfois abusivement de «vocations» régionales. L'agriculture, l'industrie, les diverses activités tertiaires sont inégalement réparties dans l'espace national. Mais, derrière cette division sectorielle du travail, on voit se dessiner une répartition hiérarchisée selon la nature des emplois, des fonctions, des activités, et l'inégalité poindre derrière les spécialisations.

LA DIVISION SECTORIELLE DU TRAVAIL

- ### *L'agriculture*

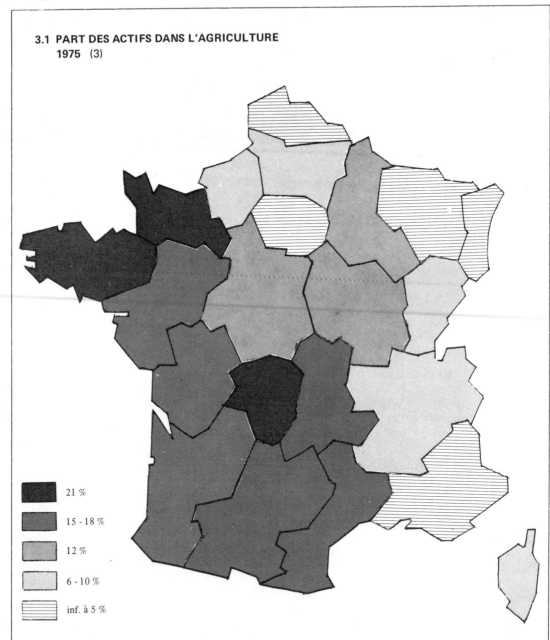

3.1 PART DES ACTIFS DANS L'AGRICULTURE
1975 (3)

21 %

15 - 18 %

12 %

6 - 10 %

inf. à 5 %

Malgré 30 années d'exode agricole, les clivages traditionnels demeurent, un peu atténués : l'Ouest et le Sud-Ouest du pays, avec des participations à l'activité agricole supérieures à 15 %, se distinguent des régions de l'Est qui présentent des taux souvent inférieurs à 5 %. Le «réservoir» de main-d'œuvre rurale n'a pas disparu.

Source : *Recensement de la population.*

3.2 REVENU BRUT D'EXPLOITATION PAR ACTIF FAMILIAL, 1975
(France = 100) (3)

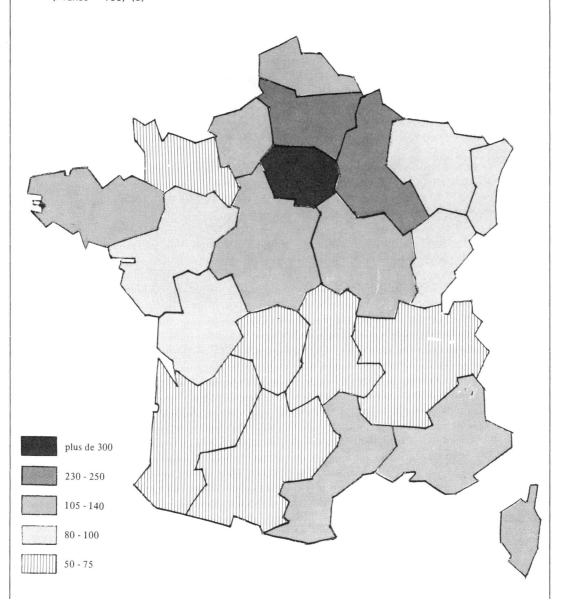

plus de 300

230 - 250

105 - 140

80 - 100

50 - 75

Cette carte, qui exprime la richesse de l'agriculture régionale, nous met en présence d'une structure toute différente : le Bassin Parisien (et surtout la Picardie et la Champagne) possède l'agriculture la plus riche, suivi par les régions du Midi et la Bretagne dont l'agriculture s'est fortement modernisée.

Source : *Comptes départementaux de l'Agriculture.*

3.3 SURFACE AGRICOLE UTILE MOYENNE
PAR EXPLOITATION, 1977
(en hectares)   (3)

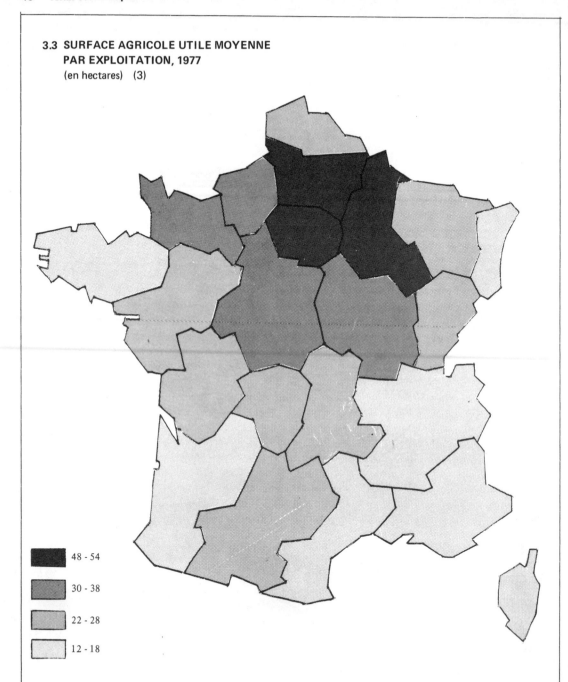

48 - 54

30 - 38

22 - 28

12 - 18

Cette carte présente des rapports étroits avec la précédente : le Bassin Parisien (avec des super-ficies moyennes supérieures à 30 hectares), s'oppose aux régions de l'Ouest et du Midi (moins de 18 hectares, dans de nombreux cas).

Source : *Ministère de l'Agriculture.*

3.4 PART DES SALAIRES ET COTISATIONS SOCIALES DANS LE COMPTE D'EXPLOITATION DE L'AGRICULTURE, 1975 (3)

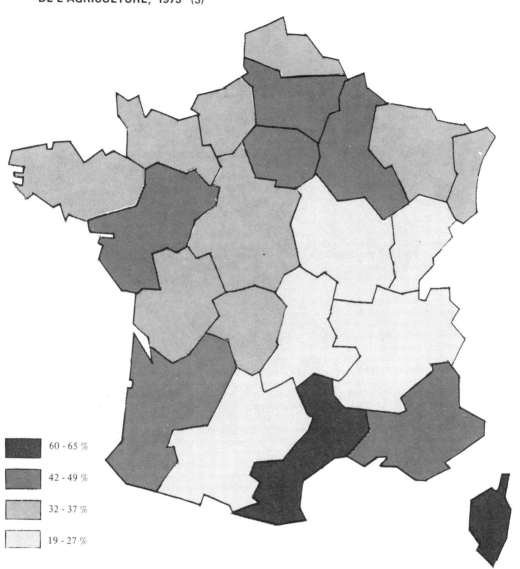

60 - 65 %

42 - 49 %

32 - 37 %

19 - 27 %

Derrière la part des salaires dans l'ensemble des coûts, on obtient une idée du clivage entre agriculture familiale et agriculture capitaliste. Ici, ce sont encore les régions du Nord du Bassin Parisien et celles du Midi qui viennent en tête, alors que les régions de montagne sont le refuge de l'agriculture familiale.

Source : *Comptes départementaux de l'Agriculture.*

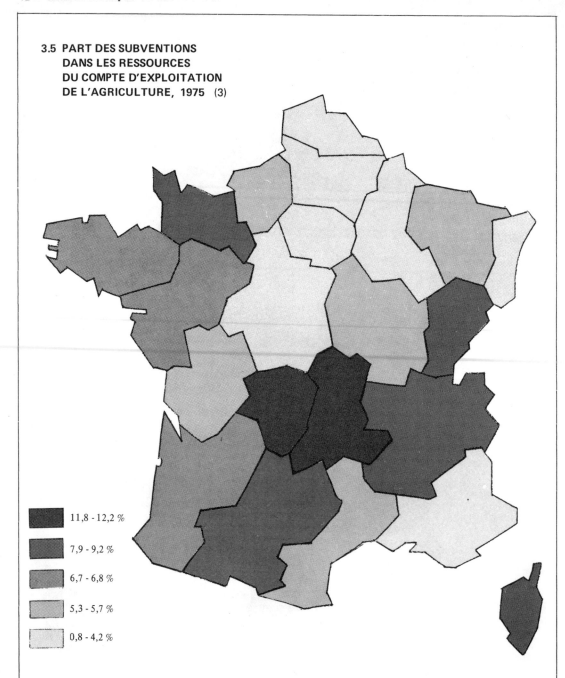

3.5 PART DES SUBVENTIONS DANS LES RESSOURCES DU COMPTE D'EXPLOITATION DE L'AGRICULTURE, 1975 (3)

11,8 - 12,2 %

7,9 - 9,2 %

6,7 - 6,8 %

5,3 - 5,7 %

0,8 - 4,2 %

Les variations d'une région à l'autre sont fortes (de 0,8 % à plus de 12 %). La carte est corrélée négativement avec la précédente : dans l'ensemble les régions privilégiant une agriculture familiale bénéficient des taux de subventionnement les plus élevés.

Source : *Comptes départementaux de l'Agriculture.*

3.6 PROPORTION DES EXPLOITATIONS POSSEDANT AU MOINS UN TRACTEUR, 1975 (3)

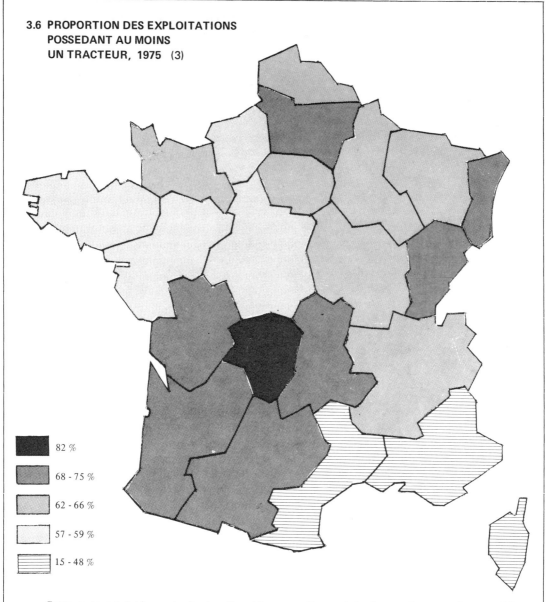

82 %

68 - 75 %

62 - 66 %

57 - 59 %

15 - 48 %

Cette carte est intéressante à plus d'un titre, car elle est loin de se calquer sur la carte 3.3 qui mesure la dimension moyenne des exploitations. Elle fait apparaître une liaison négative avec le revenu agricole par actif, et met en évidence une concentration relative de l'équipement dans les régions du Sud Ouest. Les régions d'agriculture familiale semblent mieux dotées que les régions de grandes exploitations employant des salariés, ce qui peut étonner.

corrélation avec :
— part des salaires dans le compte d'exploitation de l'agriculture : r = − 0,70.
— le revenu brut d'exploitation par actif familial : r = − 0,43.
— la taille moyenne des exploitations : r = 0,27.

Source : *Collections de Statistiques agricoles, janvier 1979.*

● *L'industrie*

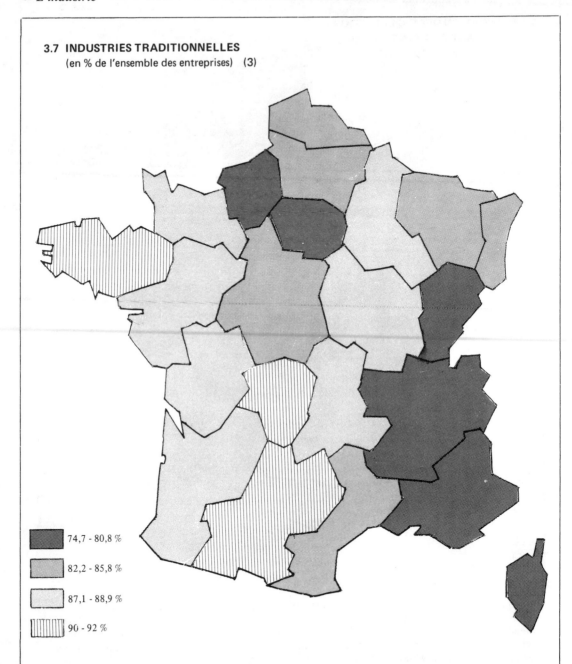

3.7 INDUSTRIES TRADITIONNELLES
(en % de l'ensemble des entreprises)   (3)

74,7 - 80,8 %

82,2 - 85,8 %

87,1 - 88,9 %

90 - 92 %

A partir d'une typologie utilisée par le CGP, on peut classer les régions en fonction de leur spécialisation relative dans les industries traditionnelles, modernes, ou «de pointe». Les régions de l'Ouest sont davantage vouées aux industries anciennes, tandis que les grandes régions industrielles possèdent une part plus élevée d'industries modernes.

Source : *Commissariat Général du Plan.*

3.8 INDUSTRIES DE CAPITAL
(en % de l'ensemble des entreprises) (3)

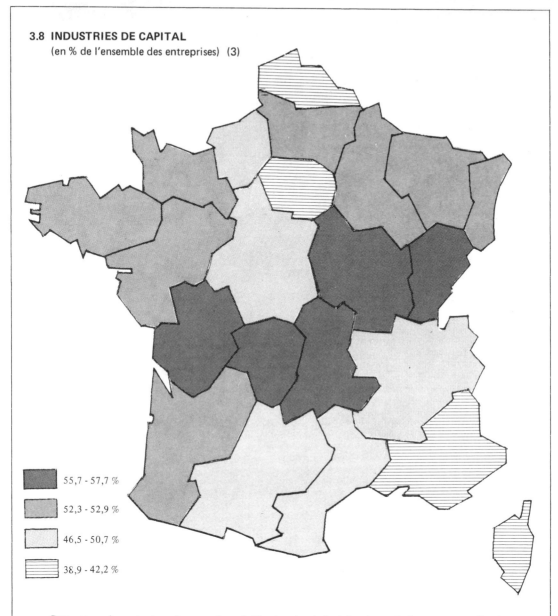

55,7 - 57,7 %

52,3 - 52,9 %

46,5 - 50,7 %

38,9 - 42,2 %

Cette seconde carte tranche avec la précédente : les industries de capital ne sont pas là où on s'attendrait à les trouver : l'Ile de France, la région lyonnaise, le Nord, la Provence ont une part élevée d'industries dites de main-d'œuvre. A l'inverse, des régions moins industrielles, Poitou-Charentes, Bourgogne, ont une industrie relativement «lourde». Aucune liaison n'apparaît entre cette carte et la précédente car c'est à tort qu'on pense que les industries modernes sont les plus capitalistiques.

Elles ont souvent une production moins standardisée que d'autres, emploient une main-d'œuvre plus qualifiée, et incorporent une valeur ajoutée élevée. La mécanisation se développe souvent lors de la phase de maturité des branches, et le textile, par exemple, est souvent plus mécanisé que l'industrie de l'informatique.

Source : *Commissariat Général du Plan.*

● *Le secteur tertiaire*

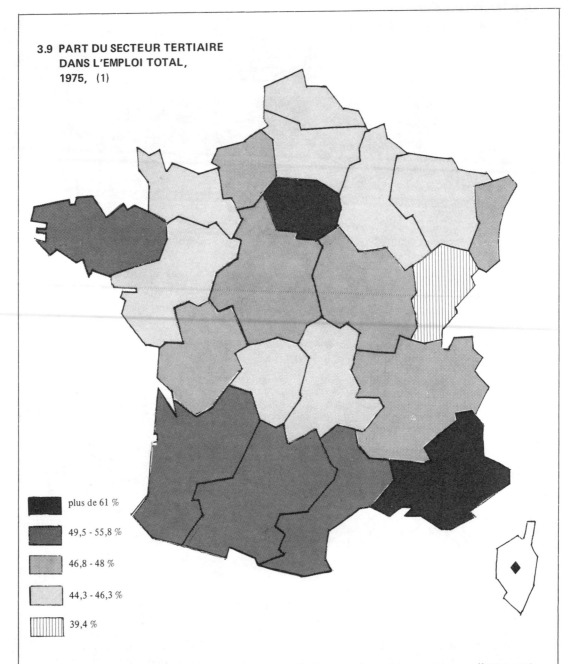

**3.9 PART DU SECTEUR TERTIAIRE
DANS L'EMPLOI TOTAL,
1975, (1)**

plus de 61 %

49,5 - 55,8 %

46,8 - 48 %

44,3 - 46,3 %

39,4 %

Les emplois tertiaires sont fortement concentrés d'une part en région parisienne, d'autre part dans les régions du Midi. Ce sont les régions industrielles, aussi bien celles d'industrialisation récente (bassin parisien) que les vieilles régions industrielles du Nord et de l'Est qui, pauvres en villes, présentent les chiffres les plus faibles.

Source : *INSEE, Recensement de la population.*

3.10 CROISSANCE DE L'EMPLOI
DU SECTEUR TERTIAIRE,
1954-1975 (1)

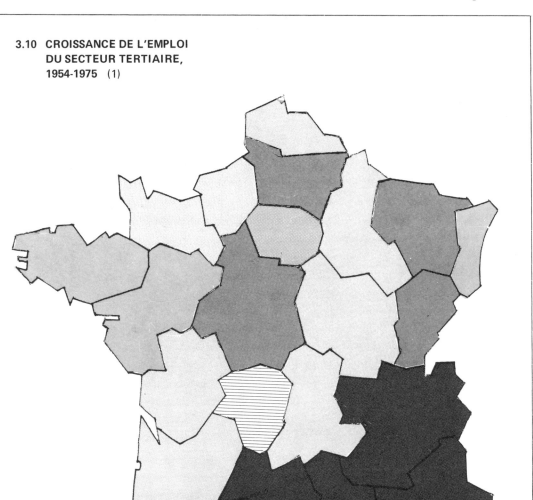

■ +61 - 71 %

▨ 51 - 54 %

▧ 47 - 49 %

□ 37 - 44 %

▤ 32,8 %

    Cette concentration s'est accentuée au cours de cette période de 20 années, notamment au profit du Midi.

Source : *INSEE, Recensements de la population.*

LA DIVISION FONCTIONNELLE DU TRAVAIL

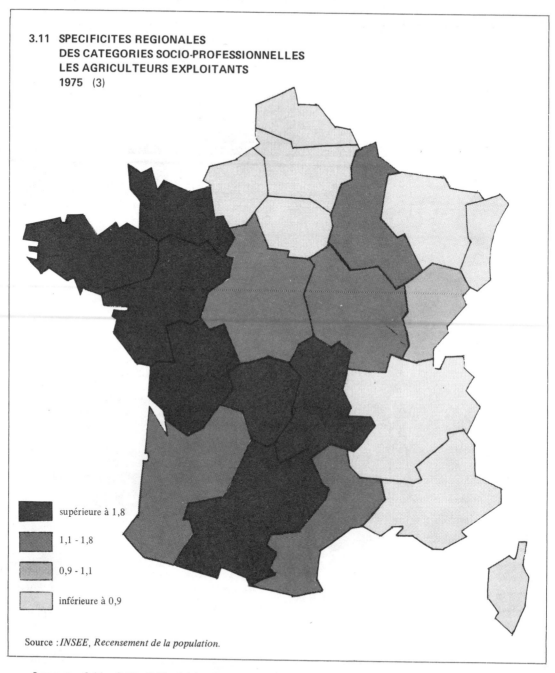

**3.11   SPECIFICITES REGIONALES
DES CATEGORIES SOCIO-PROFESSIONNELLES
LES AGRICULTEURS EXPLOITANTS
1975   (3)**

supérieure à 1,8

1,1 - 1,8

0,9 - 1,1

inférieure à 0,9

Source : *INSEE, Recensement de la population.*

Les cartes 3.11 - 3.12 - 3.13 - 3.14 montrent schématiquement la répartition des principales catégories socio-professionnelles dans l'espace français ; elles sont très parlantes : les catégories supérieures sont centrées sur Paris et le Midi, la France ouvrière, malgré 25 ans de décentralisation industrielle est toujours pour l'essentiel la France du Nord et de l'Est. S'opposant à cette France, une France des agriculteurs et des petits patrons apparait, centrée sur l'Ouest pour les agriculteurs, sur le Sud Ouest pour les patrons de l'industrie et du commerce. Il faut affiner ce tableau beaucoup trop global.

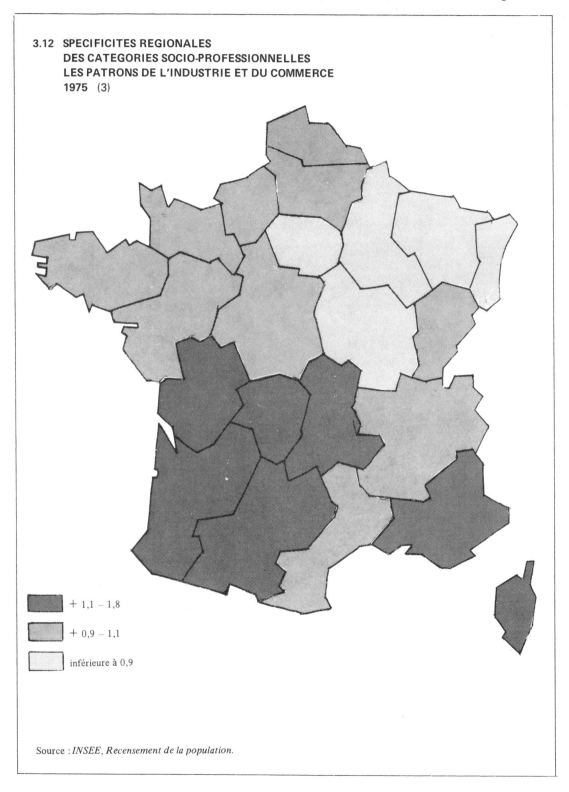

3.12 **SPECIFICITES REGIONALES**
      DES CATEGORIES SOCIO-PROFESSIONNELLES
      LES PATRONS DE L'INDUSTRIE ET DU COMMERCE
      1975 (3)

+ 1,1 – 1,8

+ 0,9 – 1,1

inférieure à 0,9

Source : *INSEE, Recensement de la population.*

**3.13 SPECIFICITES REGIONALES
DES CATEGORIES SOCIO-PROFESSIONNELLES
CADRES SUPERIEURS ET PROFESSIONS LIBERALES
1975   (3)**

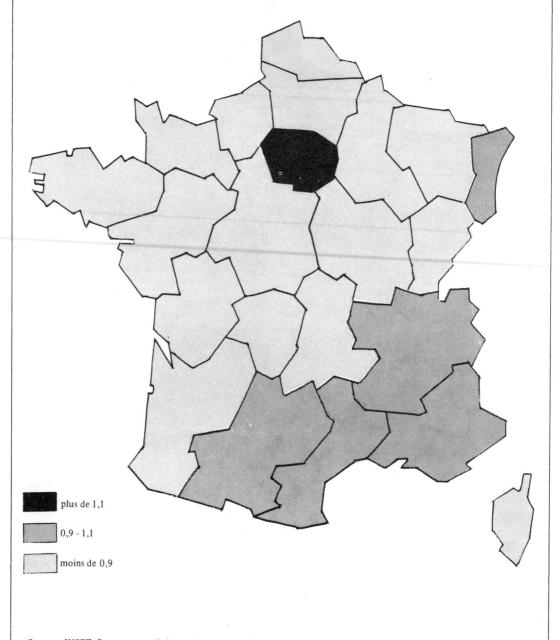

plus de 1,1

0,9 - 1,1

moins de 0,9

Source : *INSEE, Recensement de la population.*

**3.14 SPECIFICITES REGIONALES
DES CATEGORIES SOCIO-PROFESSIONNELLES
LES OUVRIERS, 1975 (3)**

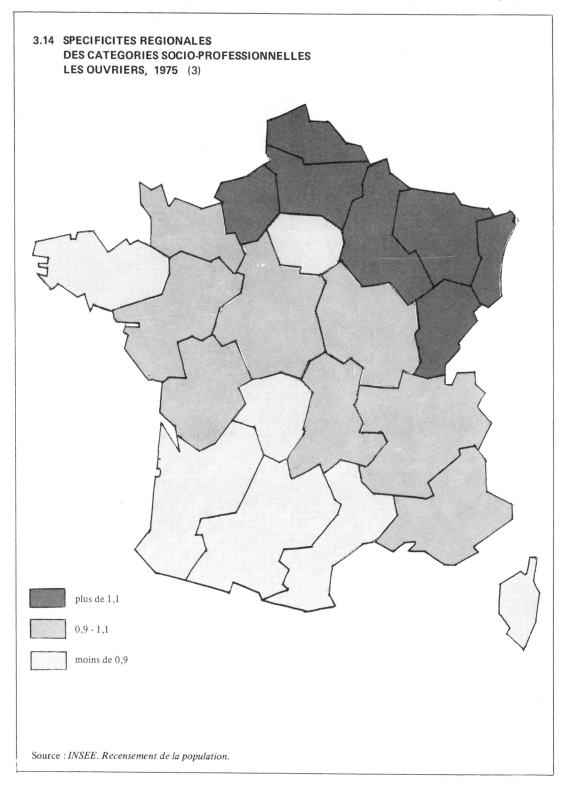

plus de 1,1

0,9 - 1,1

moins de 0,9

Source : *INSEE. Recensement de la population.*

3.15 QUALIFICATION DES OUVRIERS DE LA METALLURGIE, 1974
(% d'ouvriers qualifiés parmi les ouvriers) (1)

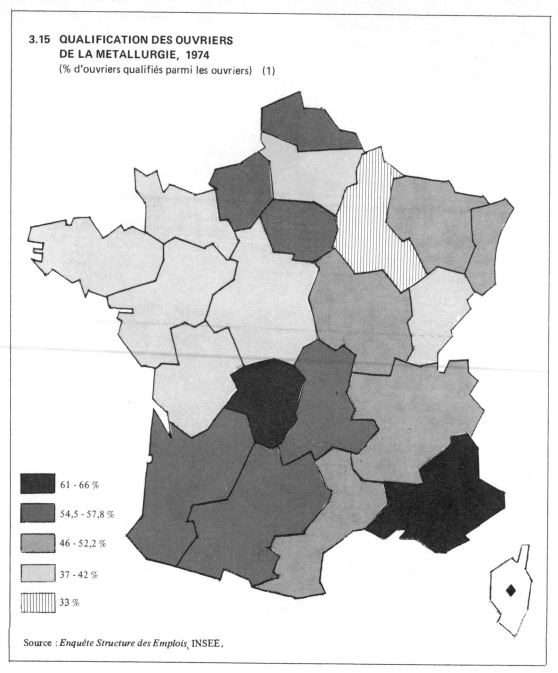

- **61 - 66 %**
- 54,5 - 57,8 %
- 46 - 52,2 %
- 37 - 42 %
- 33 %

Source : *Enquête Structure des Emplois*, INSEE.

Les cartes 3.15 - 3.16 - 3.17 montrent que les qualifications demeurent médiocres dans les régions qui ont bénéficié des décentralisations industrielles.

Non seulement les 5 régions de l'Ouest du pays présentent un niveau de qualification médiocre dans les industries de la métallurgie et de la construction mécanique, mais ce niveau est en baisse entre 1969 et 1974. L'expansion accélérée de l'industrie électrique dans les années qui précédaient la crise s'est traduite dans l'ensemble par une stagnation ou une baisse de la qualification ouvrière (à la seule exception de 4 régions).

**3.16 QUALIFICATION DANS LA CONSTRUCTION ELECTRIQUE
ET ELECTRONIQUE, 1974**

(ouvriers qualifiés sur l'ensemble des ouvriers) (1)

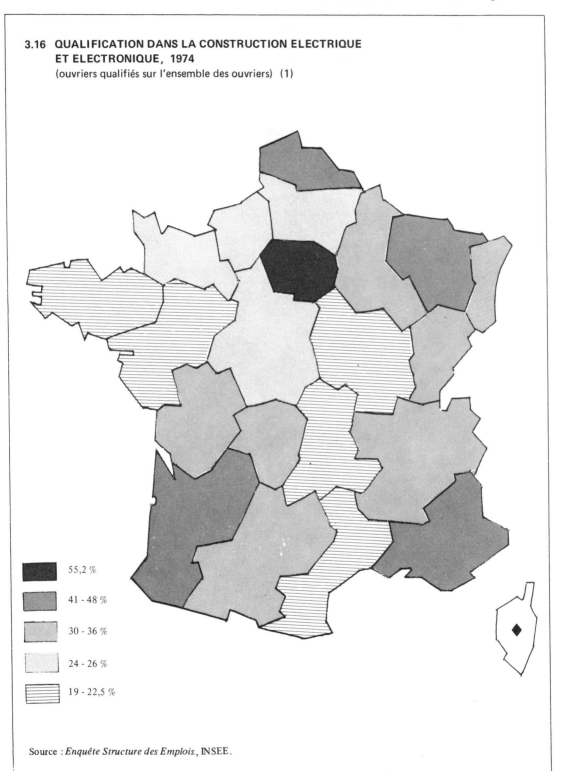

55,2 %

41 - 48 %

30 - 36 %

24 - 26 %

19 - 22,5 %

Source : *Enquête Structure des Emplois.*, INSEE.

3.17 EVOLUTION DE LA QUALIFICATION OUVRIERE.
CONSTRUCTION ELECTRIQUE 1969-1974

(évolution du rapport ouvriers qualifiés/ouvriers non qualifiés)   1969 = 100   (1)

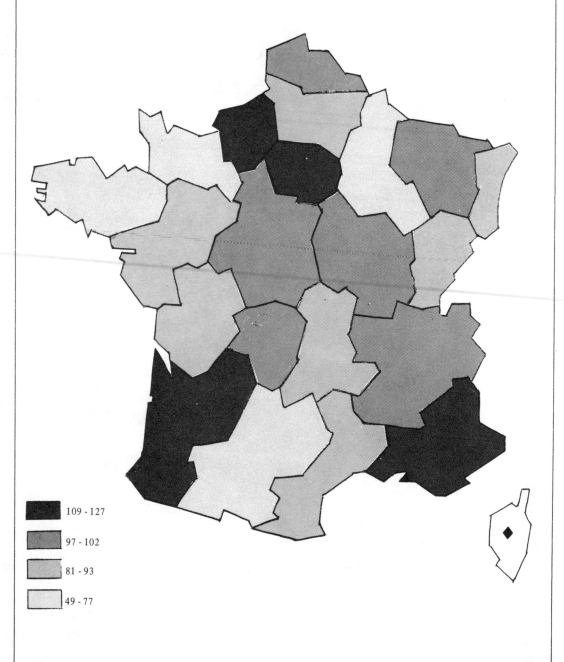

109 - 127

97 - 102

81 - 93

49 - 77

Source : *Enquête Structure des Emplois.*, INSEE.

3.18 EMPLOIS ADMINISTRATIFS ET COMMERCIAUX DE L'INDUSTRIE, 1969-1974 (1)

● **Attraction relative des régions**

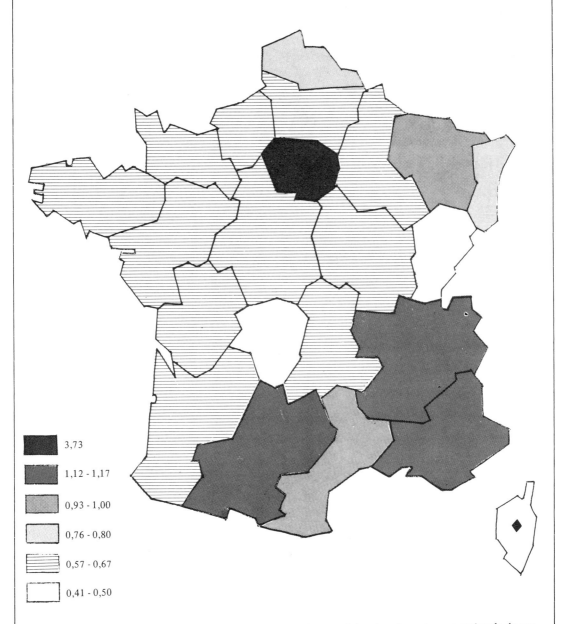

■	3,73
▨	1,12 - 1,17
▨	0,93 - 1,00
▨	0,76 - 0,80
▤	0,57 - 0,67
☐	0,41 - 0,50

La carte 3.18 mesure le rapport entre la part de chaque région dans la croissance nationale de ces emplois et la part correspondante relative à l'ensemble des emplois industriels. Un ratio supérieur à 1 exprime une spécialisation relative de la région dans ces emplois.

Source : *Enquête Structure des Emplois,* exploitation du CER d'Aix.

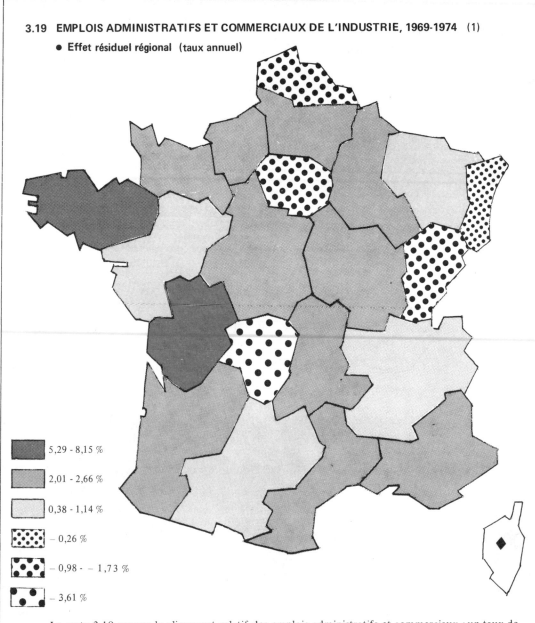

3.19 EMPLOIS ADMINISTRATIFS ET COMMERCIAUX DE L'INDUSTRIE, 1969-1974   (1)

● **Effet résiduel régional   (taux annuel)**

▨	5,29 - 8,15 %
▨	2,01 - 2,66 %
☐	0,38 - 1,14 %
⦙	− 0,26 %
⦙	− 0,98 - − 1,73 %
⦙	− 3,61 %

La carte 3.19 mesure le glissement relatif des emplois administratifs et commerciaux : un taux de x % signifie que la région a bénéficié d'une croissance supérieure de x % chaque année au chiffre qu'elle aurait connu si ces emplois avaient crû chez elle au même rythme que dans l'ensemble du pays.

Source : *Enquête Structure des Emplois*, exploitation du CER d'Aix.

Ces deux cartes (3.18 et 3.19) montrent donc que, malgré un glissement relatif des emplois de «cols blancs» dans l'industrie au bénéfice des régions qui en étaient relativement dépourvues (le Bassin Parisien et l'Ouest), ces emplois continuent de «tertiariser» l'industrie des zones fortes du pays (l'Ile de France et le Midi). On observe dans les régions de l'Ouest à la fois une augmentation de leur part dans le total national de ces emplois et une baisse de la proportion de ces emplois par rapport aux emplois directement liés à la production.

La carte 3.20 établit le rapport entre la part régionale des emplois nationaux relevant de l'informatique et la part correspondante pour l'ensemble des emplois. Un chiffre supérieur à 1 signifie que la région est relativement spécialisée dans ces types d'emplois.

La carte 3.21 compare la part de la région dans les emplois nationaux du secteur en 1977, au chiffre correspondant pour 1969.

Malgré un rattrapage non négligeable (les deux cartes sont un peu le négatif l'une de l'autre), l'inégalité demeure forte : les taux de spécialisation variant de 2,3 (Ile de France) à 0,34 (Bretagne) alors même que, en 8 années, la part de l'Ile de France a baissé de 19 % quand celle de la Bretagne doublait presque !

Initialement, la quasi totalité des emplois étaient regroupés en Ile de France ; aujourd'hui, une lente évolution commence à les disperser.

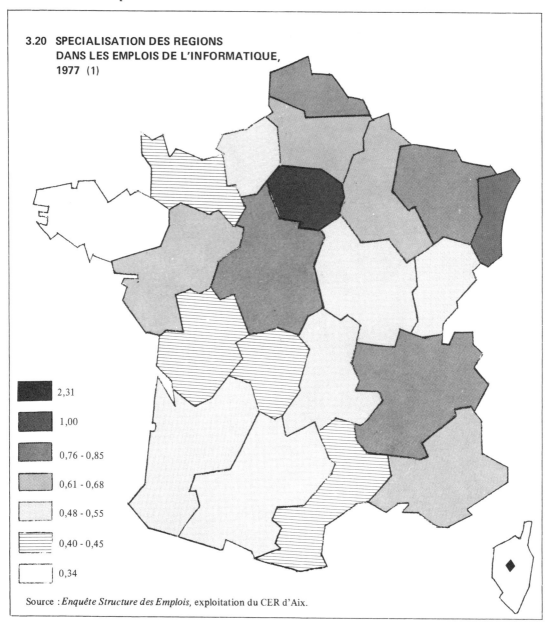

3.20 SPECIALISATION DES REGIONS DANS LES EMPLOIS DE L'INFORMATIQUE, 1977 (1)

2,31

1,00

0,76 - 0,85

0,61 - 0,68

0,48 - 0,55

0,40 - 0,45

0,34

Source : *Enquête Structure des Emplois,* exploitation du CER d'Aix.

3.21 EVOLUTION DE LA PART DES REGIONS DANS LE TOTAL NATIONAL DES EMPLOIS DE L'INFORMATIQUE. (1)
(part 1977/part 1969)

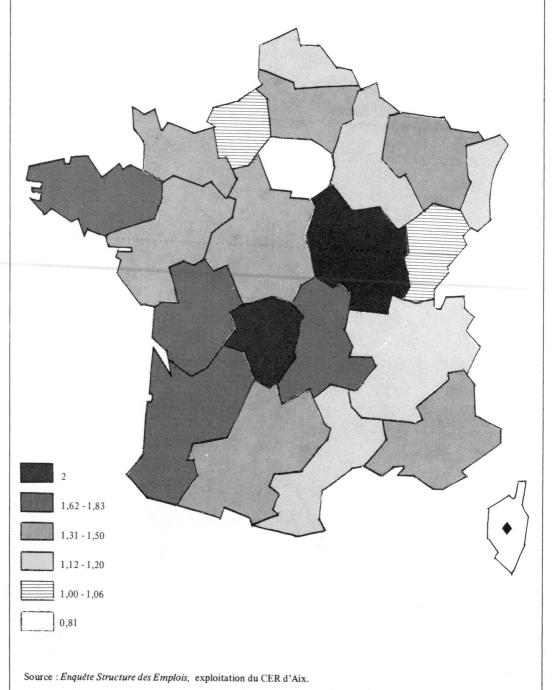

2

1,62 - 1,83

1,31 - 1,50

1,12 - 1,20

1,00 - 1,06

0,81

Source : *Enquête Structure des Emplois,* exploitation du CER d'Aix.

Pour l'essentiel, les cartes 3.22 et 3.23 présentent une structure voisine avec une concentration dans les plus grandes villes (et surtout en Ile de France).

La carte 3.24 nous met en présence d'un processus de rattrapage partiel. L'activité bancaire, l'une des plus concentrées au départ, a connu sur cette période de 21 ans (1954-75) un développement rapide dans les régions du Bassin Parisien et de l'Ouest, alors que les régions possédant de grandes villes n'ont connu qu'une croissance moindre. Mais ce rattrapage est demeuré partiel car les inégalités demeurent, et certaines régions en ont été exclues (Limousin et Auvergne notamment).

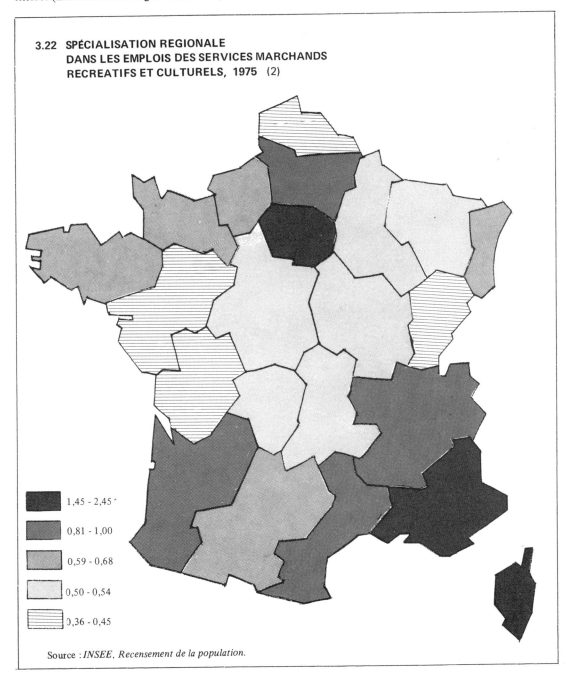

3.22 SPÉCIALISATION REGIONALE
DANS LES EMPLOIS DES SERVICES MARCHANDS
RECREATIFS ET CULTURELS, 1975 (2)

1,45 - 2,45

0,81 - 1,00

0,59 - 0,68

0,50 - 0,54

0,36 - 0,45

Source : *INSEE, Recensement de la population.*

3.23 REPARTITION REGIONALE DES EMPLOIS D'ETUDE, CONSEIL, ASSISTANCE, 1975   (2)
(en % du total national)

■	43 %
■	3,34 - 9,61 %
■	2,41 - 2,94 %
▨	1,40 - 2,01 %
□	0,62 - 1,29 %

Source : *INSEE, Recensement de la population.*

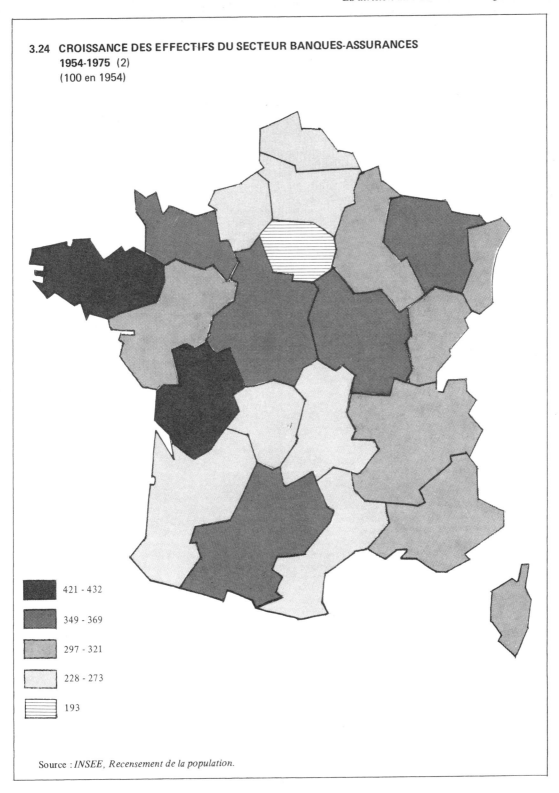

**3.24 CROISSANCE DES EFFECTIFS DU SECTEUR BANQUES-ASSURANCES
1954-1975** (2)
(100 en 1954)

421 - 432

349 - 369

297 - 321

228 - 273

193

Source : *INSEE, Recensement de la population.*

4

L'EVOLUTION 1960-1980

Pour caractériser les transformations connues par les régions au cours des 20 ou 25 dernières années, on procèdera en 3 temps : après avoir caractérisé les décentralisations industrielles, phénomène majeur des 25 dernières années, on analysera la croissance régionale, enfin différents indicateurs permettront de caractériser la façon dont les régions traversent la crise des années 1975-1982.

LA LOCALISATION DE L'INDUSTRIE

Ce fichier existe depuis 1961. La première carte, pourtant déjà marquée par les décentralisations des années 50, met en évidence le poids industriel des pôles traditionnels de l'industrie (Nord, Lorraine, région lyonnaise, et bien entendu la région parisienne qui est ici écartée). Par contre l'évolution des 16 années suivantes montre bien la rupture intervenue : c'est l'Ouest du territoire, des limites de la région parisienne jusqu'à la Bretagne et au Poitou, qui enregistre les accroissements les plus forts. Dans l'ensemble, la moitié Sud du pays demeure à l'écart du mouvement.

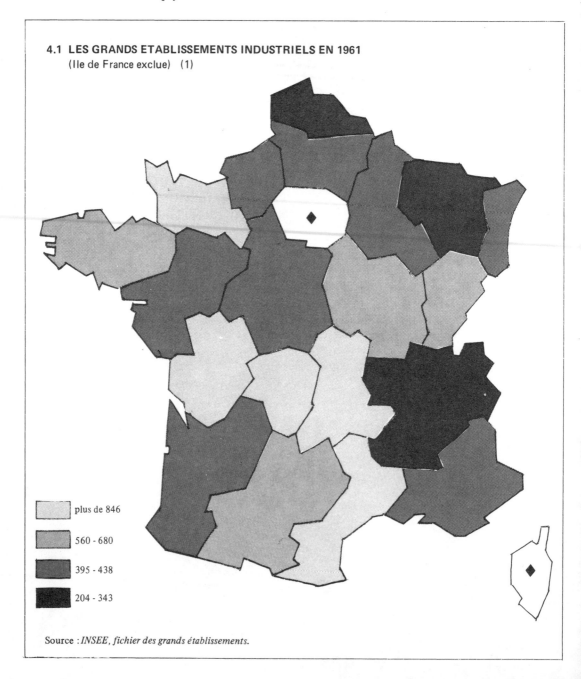

4.1 LES GRANDS ETABLISSEMENTS INDUSTRIELS EN 1961
     (Ile de France exclue) (1)

plus de 846

560 - 680

395 - 438

204 - 343

Source : *INSEE, fichier des grands établissements.*

4.2 LES GRANDS ETABLISSEMENTS INDUSTRIELS, 1961-1977
    (Ile de France exclue) (2)

▓ (dark)	+94 - +161
▒ (medium)	+66 - +73
░ (light gray)	+35 - +51
(very light)	+1 - +8
(dotted)	baisse

Source : *INSEE, fichier des grands établissements.*

La comparaison des cartes 4.3, 4.4, 4.5 et 4.6 est instructive dans la mesure où il s'agit de deux secteurs très différents : le premier, industrie traditionnelle en déclin prononcé, l'autre, moderne, en expansion très rapide au cours de la période. Ces deux industries avaient, en 1961, des localisations différentes : forte concentration de la construction électrique en région parisienne, implantation du textile dans les régions du nord, et dans les régions lyonnaise et stéphanoise.

Et cependant, l'évolution de la période 1961-1977 est voisine pour ces deux industries : l'industrie s'oriente vers l'Ouest, au bénéfice de la zone située à l'Ouest de la ligne Le Havre-Marseille.

On observe ainsi une banalisation des localisations industrielles des diverses branches : chacune suivant dans l'ensemble les mêmes orientations à partir d'implantations initiales très différenciées.

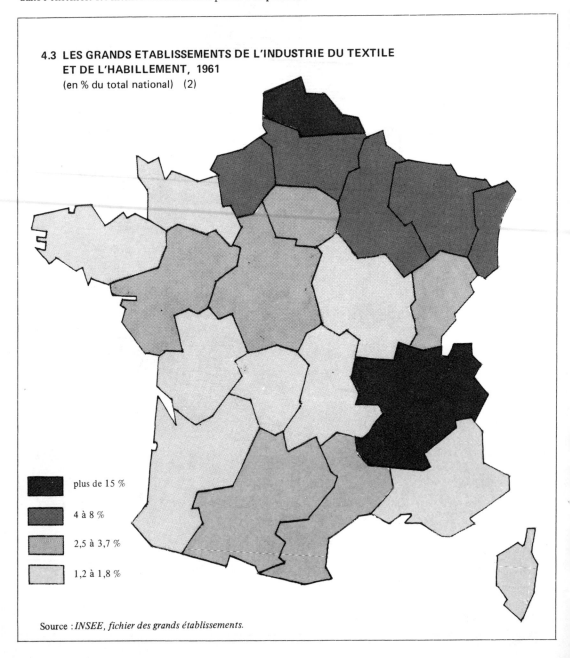

4.3 LES GRANDS ETABLISSEMENTS DE L'INDUSTRIE DU TEXTILE ET DE L'HABILLEMENT, 1961
(en % du total national)   (2)

plus de 15 %

4 à 8 %

2,5 à 3,7 %

1,2 à 1,8 %

Source : *INSEE, fichier des grands établissements.*

4.4 LES GRANDS ETABLISSEMENTS DE L'INDUSTRIE DU TEXTILE ET DE L'HABILLEMENT. EVOLUTION 1961-1977 (2)

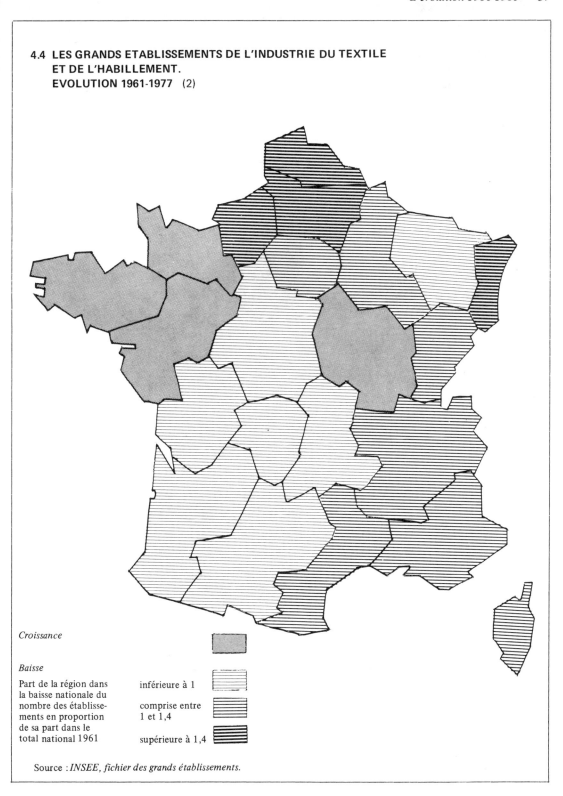

Croissance

Baisse

Part de la région dans la baisse nationale du nombre des établissements en proportion de sa part dans le total national 1961

inférieure à 1

comprise entre 1 et 1,4

supérieure à 1,4

Source : *INSEE, fichier des grands établissements.*

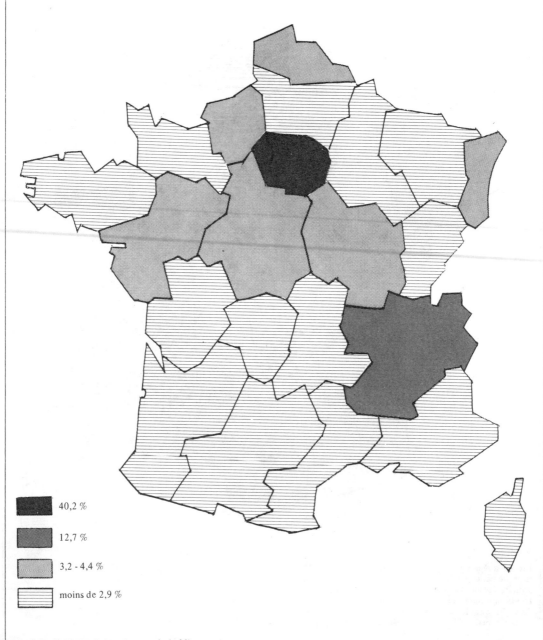

4.5 LES GRANDS ETABLISSEMENTS DE L'INDUSTRIE ELECTRIQUE ET ELECTRONIQUE, 1961
(en % du total national)   (2)

40,2 %

12,7 %

3,2 - 4,4 %

moins de 2,9 %

Source : *INSEE, fichier des grands établissements.*

4.6 LES GRANDS ETABLISSEMENTS DE L'INDUSTRIE ELECTRIQUE ET ELECTRONIQUE.
EVOLUTION 1961-1977
(part de la région dans l'accroissement national du nombre des établissements en proportion de sa part en 1961)   (2)

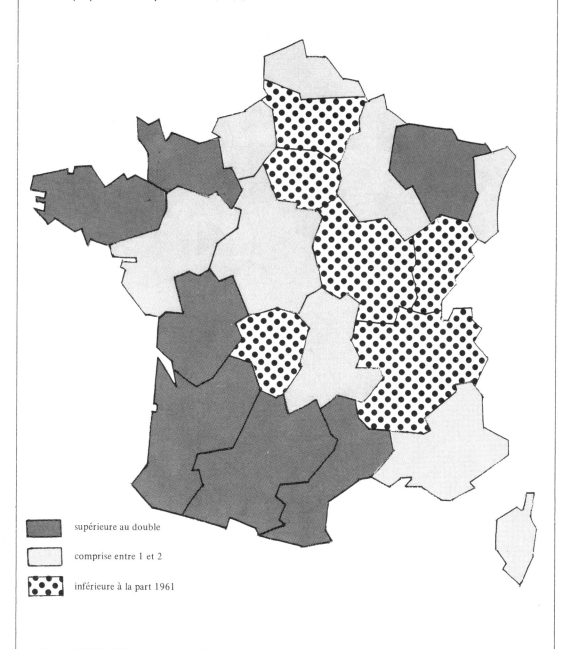

■ supérieure au double

□ comprise entre 1 et 2

▦ inférieure à la part 1961

Source : *INSEE, fichier des grands établissements*

4.7 DECENTRALISATIONS INDUSTRIELLES EN MILIEU RURAL, 1954-1968

(emplois créés par décentralisation dans les communes rurales et les unités urbaines
de moins de 5.000 habitants, en proportion du total des emplois décentralisés (arc)
et en volume (surface grisée)   (1)

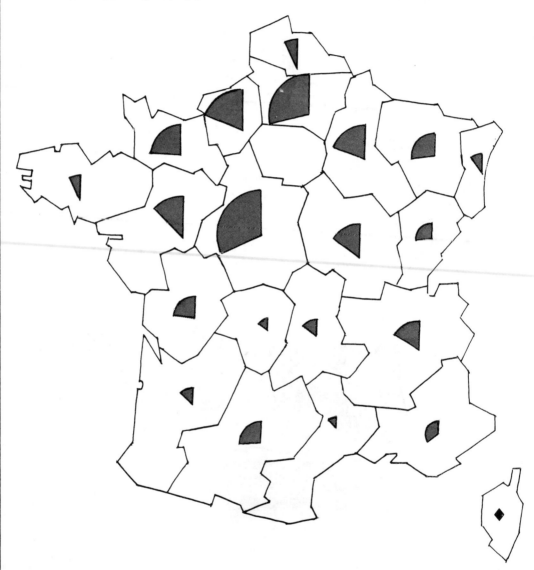

Le rayon des cercles est proportionnel à l'ensemble des emplois décentralisés, tandis que l'arc indique la part des emplois décentralisés créés en milieu rural. On voit que, en valeur relative (arc) comme en valeur absolue (surface en grisé) ce sont les régions voisines de l'Ile de France qui ont le plus reçu de telles décentralisations. Quand on s'éloigne de Paris, les décentralisations, non seulement deviennent moins nombreuses, mais se dirigent davantage vers les grandes villes.

Source : Travaux de l'AUREG, sous la direction de J. Bastié, publiés dans la revue *Analyse de l'Espace.*

4.8 DEPARTEMENTS DELAISSES PAR LES DECENTRALISATIONS
1954-1968   (3)
(départements dont l'agglomération la mieux pourvue n'a pas reçu de décentralisations
(ou moins de 20 emplois décentralisés))

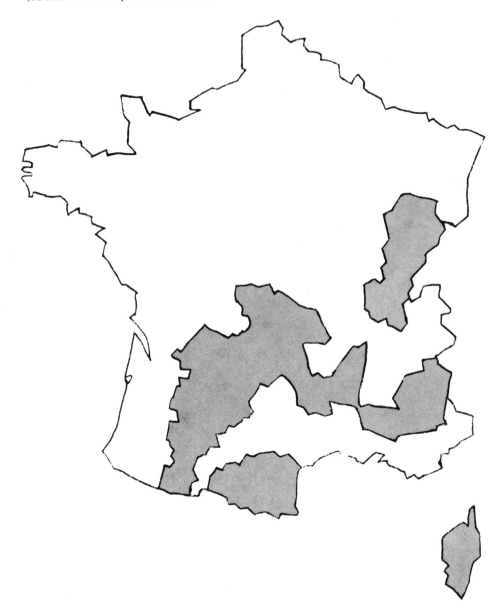

Les remarques qui précèdent expliquent que les départements éloignés de Paris et ne possédant pas de grandes villes n'aient guère reçu de décentralisations.

Source : AUREG.

Localisations comparées des emplois décentralisés/non décentralisés (1950-1970)

La confrontation est parlante. Alors que les emplois créés hors du processus de décentralisation en province (sur des initiatives non parisiennes) se fixaient dans l'ensemble dans la moitié Est du pays, les emplois créés par décentralisation, plus nombreux, choisissaient l'Ouest. Les deux modèles s'opposent point par point.

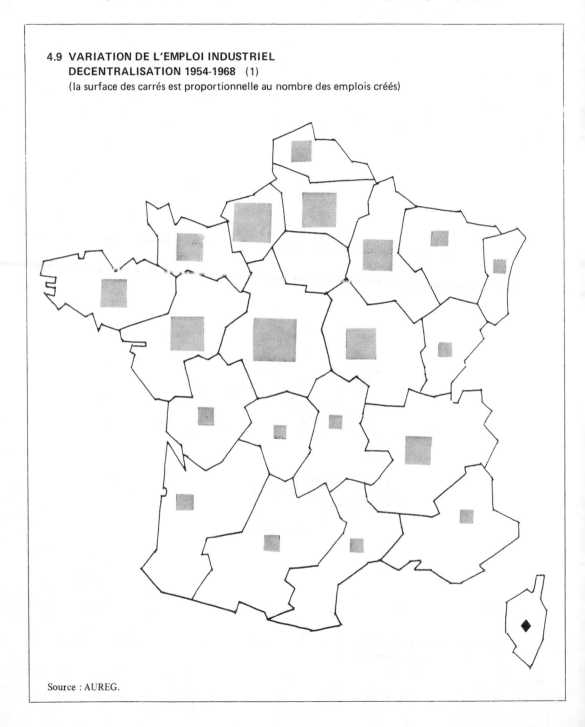

**4.9 VARIATION DE L'EMPLOI INDUSTRIEL
DECENTRALISATION 1954-1968**   (1)
(la surface des carrés est proportionnelle au nombre des emplois créés)

Source : AUREG.

4.10 VARIATION DE L'EMPLOI INDUSTRIEL
DECENTRALISATION EXCLUE, 1954-1968 (1)
(la surface des carrés est proportionnelle au nombre des emplois créés ou supprimés)
(carrés blancs : évolution négative)

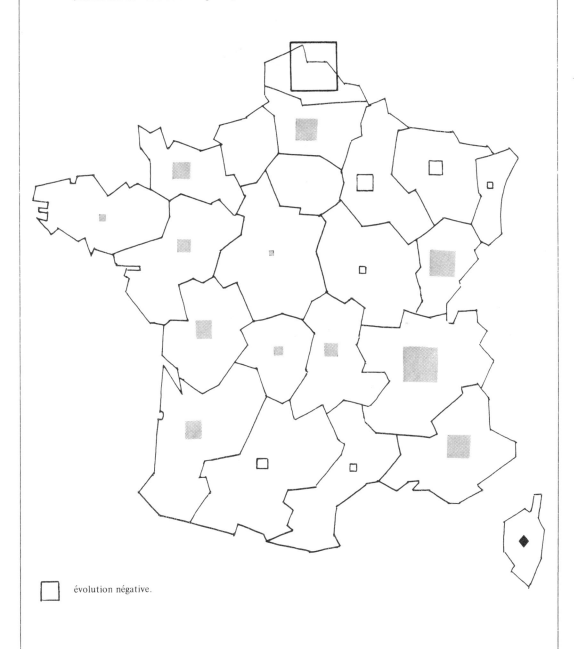

□ évolution négative.

Source : AUREG.

LA CROISSANCE DANS LES REGIONS

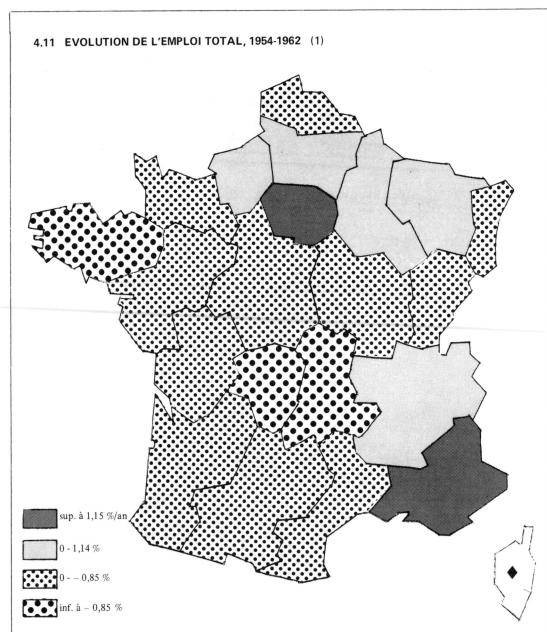

4.11   EVOLUTION DE L'EMPLOI TOTAL, 1954-1962   (1)

sup. à 1,15 %/an

0 - 1,14 %

0 - − 0,85 %

inf. à − 0,85 %

Il est bon de prendre comme repère la situation des années 50 ; considérée avec l'expérience actuelle, elle peut surprendre : tout d'abord, au cours de cette période de croissance rapide, on relève que 7 régions seulement sur 21 connaissaient une croissance de l'emploi. Ces 7 régions sont toutes à l'Est de la fameuse ligne Le Havre-Marseille. Alors même que les décentralisations avaient commencé, c'est encore la France de l'Est qui confisque la croissance. C'est une situation toute différente que nous dépeignent les cartes les plus récentes. On va voir comment la situation a pu ainsi se retourner.

Source : *INSEE, recensements de la population.*

***Comparaison de l'effet structurel dans les régions en 1954-62 et 1975-79 (potentiel de croissance)
— emploi total***

Ces cartes (4.12 - 4.13), comme celles qui suivent, vont utiliser le clivage entre composante structurelle et composante régionale de la croissance. De quoi s'agit-il ? Un écart dans le taux de croissance de deux régions peut être dû à deux causes bien différentes. Il peut relever pour partie du fait que l'une des deux régions a une structure initiale supérieure (son appareil productif incorpore une plus forte proportion d'activités à taux de croissance élevé), il peut être dû aussi au fait que la région a connu, pour les activités qu'elle possède, une croissance plus élevée que ces mêmes activités dans les autres régions. La première composante (liée à la structure initiale) est appelée composante structurelle, la seconde, liée au dynamisme spécifique des activités existant dans la région, la composante résiduelle (ou régionale). La première mesure la structure, la seconde, le dynamisme.

On peut donc faire éclater le taux de croissance d'une région en deux fractions qui permettent de juger du «potentiel» et du «redéploiement».

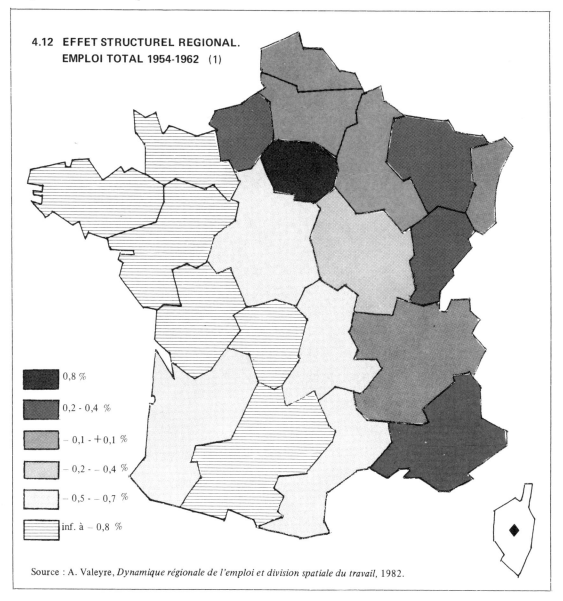

**4.12 EFFET STRUCTUREL REGIONAL.
EMPLOI TOTAL 1954-1962 (1)**

- 0,8 %
- 0,2 - 0,4 %
- 0,1 - + 0,1 %
- 0,2 - - 0,4 %
- 0,5 - - 0,7 %
- inf. à - 0,8 %

Source : A. Valeyre, *Dynamique régionale de l'emploi et division spatiale du travail*, 1982.

L'opposition entre ces deux cartes, séparées par 20 années d'évolution, mérite d'être relevée : au départ, l'Ouest du pays connaît une situation négative ; partout, dans ces 10 régions, le taux de croissance «a priori» de l'emploi total est inférieur à − 0,5 % par an. 20 ans plus tard, la carte devient «illisible» : mise à part l'Ile de France qui demeure porteuse d'une structure dynamique, aucune zone du pays ne se distingue. On peut seulement relever la position médiocre du Nord et du Nord-Est. C'est un phénomène majeur ; il n'y a plus une France qui confisquerait les activités porteuses d'avenir face à une France vouée aux activités en déclin. Ce glissement majeur, résultat de 20 années de décentralisation, est aujourd'hui l'une des causes des résultats satisfaisants du Midi en période de crise.

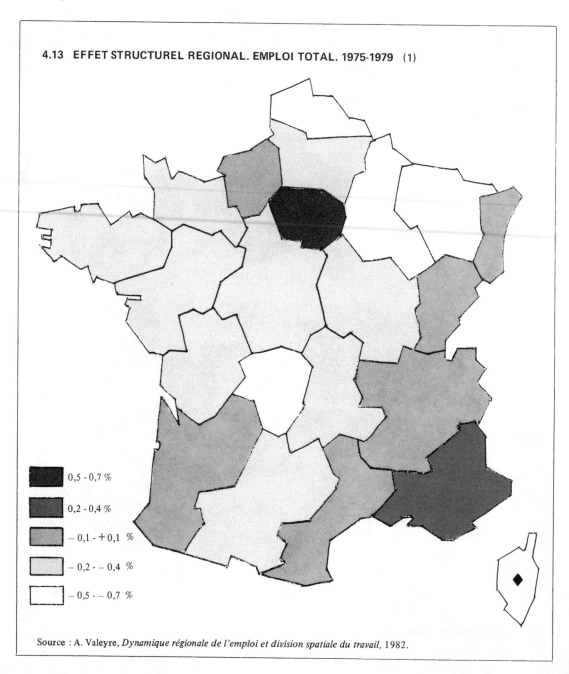

4.13   EFFET STRUCTUREL REGIONAL. EMPLOI TOTAL. 1975-1979   (1)

0,5 - 0,7 %

0,2 - 0,4 %

− 0,1 - +0,1 %

− 0,2 - − 0,4 %

− 0,5 - − 0,7 %

Source : A. Valeyre, *Dynamique régionale de l'emploi et division spatiale du travail*, 1982.

4.14 EFFET RESIDUEL REGIONAL, 1962-75 (1)
   (emploi total)

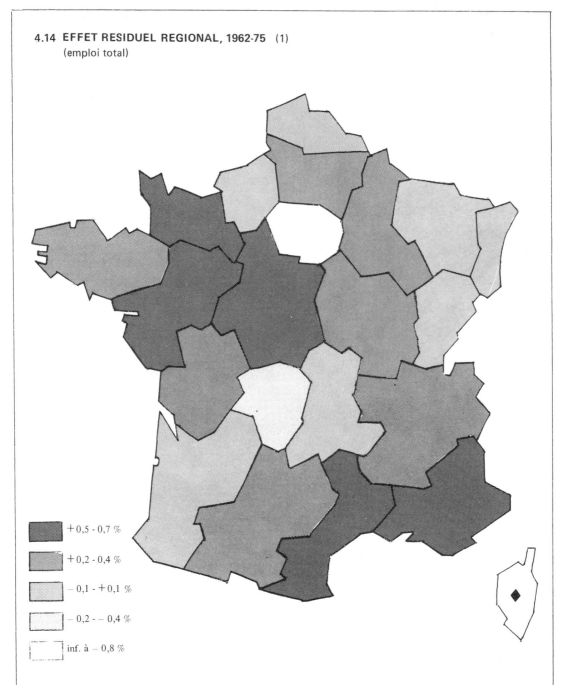

+ 0,5 - 0,7 %

+ 0,2 - 0,4 %

− 0,1 - + 0,1 %

− 0,2 - − 0,4 %

inf. à − 0,8 %

Au cours de cette période qui est celle de la plus forte croissance connue en France depuis la fin de la guerre, on note que les glissements spatiaux de la croissance ont concerné prioritairement deux zones : les régions de décentralisation (Centre, Basse Normandie, Pays de la Loire) et les régions méditerranéennes. A l'inverse, la région qui présente les chiffres les plus négatifs est l'Ile de France.

Source : A. Valeyre, *Dynamique régionale de l'emploi et division spatiale du travail*, 1982.

4.15 EFFET RESIDUEL REGIONAL, 1975-1979 (1)
     (emploi total)

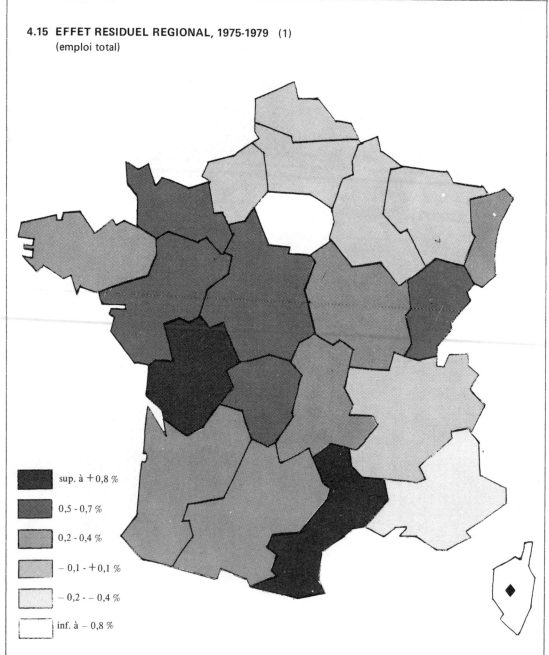

sup. à +0,8 %

0,5 - 0,7 %

0,2 - 0,4 %

− 0,1 - +0,1 %

− 0,2 - − 0,4 %

inf. à − 0,8 %

  Avec la crise, le paysage bascule à nouveau, et cette fois le retournement est complet avec le tableau de la période 1954-1962 : ce sont les régions situées à l'Ouest de la ligne Le Havre-Marseille qui concentrent l'aptitude à la croissance la plus forte. C'est aujourd'hui la France de l'Est qui présente les chiffres négatifs. L'Ile de France demeure toujours la région «en blanc», source de la croissance maintenue des autres régions.

Source : A. Valeyre, *op. cit.*

LA PERIODE DE CRISE - 1975-1980

4.16 EFFET RESIDUEL REGIONAL. EMPLOI INDUSTRIEL. 1975-1980   (2)

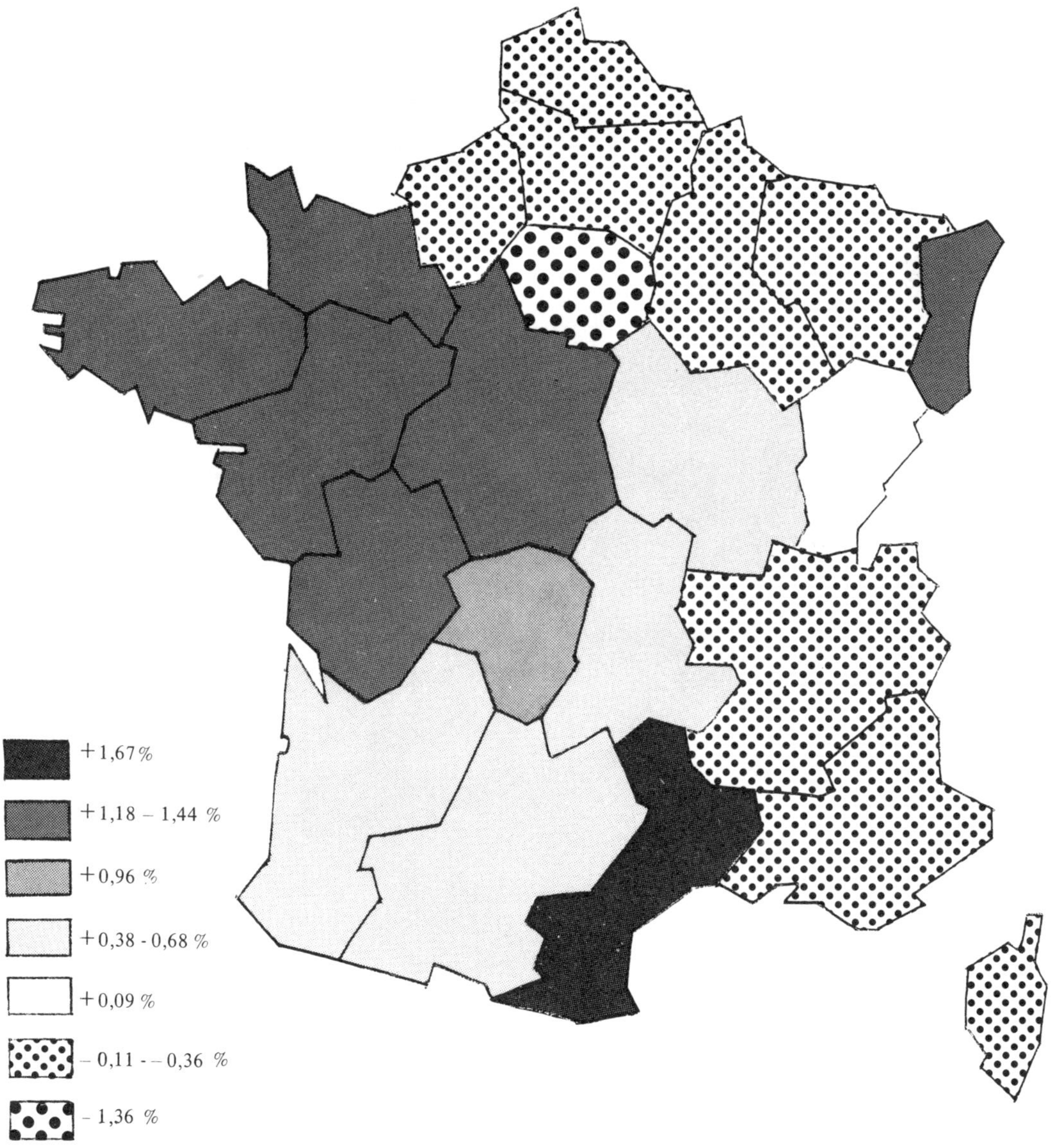

- ■ + 1,67 %
- ▨ + 1,18 – 1,44 %
- ▨ + 0,96 %
- □ + 0,38 - 0,68 %
- □ + 0,09 %
- ▦ – 0,11 - – 0,36 %
- ▦ – 1,36 %

La carte est ici plus spectaculaire encore : les régions de l'Ouest, d'une part, le Languedoc-Rous-sillon d'autre part, sont les deux foyers attirant l'industrie des autres régions. Par contre, 8 des 11 régions situées à l'Est de la ligne Le Havre-Marseille ont des chiffres négatifs.

Source : E. Turpin, *Economie et Statistique*, 1981.

4.17 TAUX DE CROISSANCE ANNUEL DE L'EMPLOI INDUSTRIEL 1975-1980 (2)

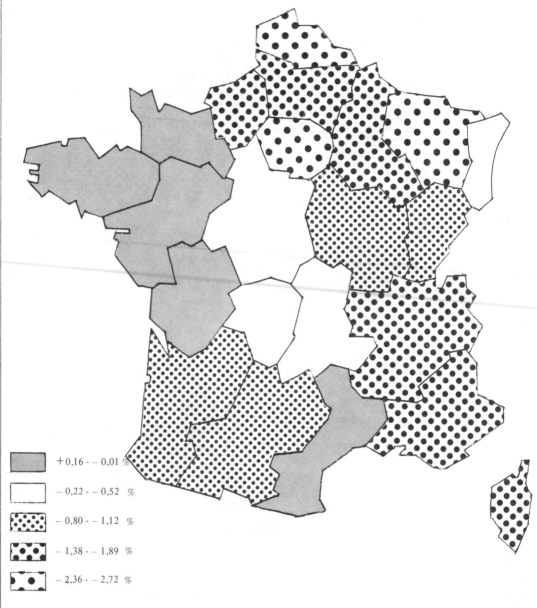

+ 0,16 - – 0,01 %

– 0,22 - – 0,52 %

– 0,80 - – 1,12 %

– 1,38 - – 1,89 %

– 2,36 - – 2,72 %

Cette carte fournit le résultat brut en matière industrielle pour la période de crise : 4 régions seulement ont une croissance non négative : ce sont les régions de l'Ouest et le Languedoc. 8 régions ont un taux de décroissance supérieur à 1,38 % par an : elles sont toutes situées dans la moitié Est-Sud Est du pays.

Source : E. Turpin, *art. cit.*

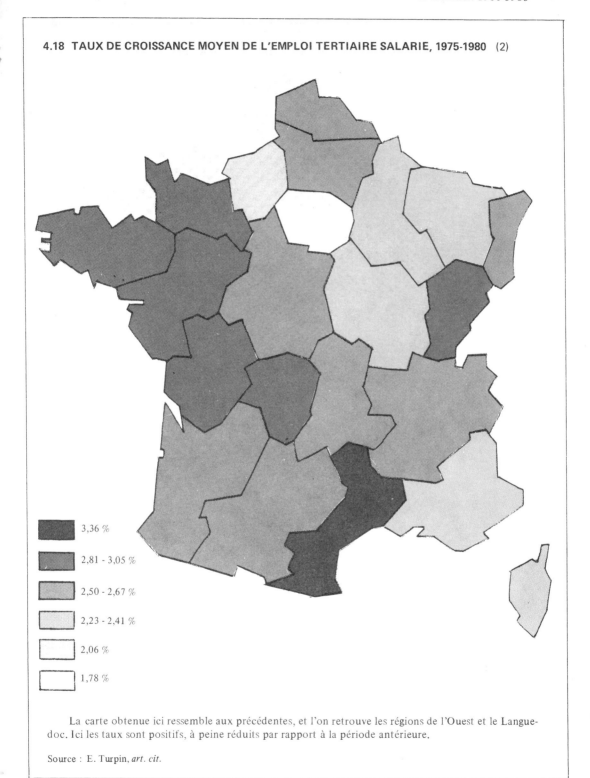

4.18 TAUX DE CROISSANCE MOYEN DE L'EMPLOI TERTIAIRE SALARIE, 1975-1980   (2)

3,36 %

2,81 - 3,05 %

2,50 - 2,67 %

2,23 - 2,41 %

2,06 %

1,78 %

La carte obtenue ici ressemble aux précédentes, et l'on retrouve les régions de l'Ouest et le Langue-doc. Ici les taux sont positifs, à peine réduits par rapport à la période antérieure.

Source : E. Turpin, *art. cit.*

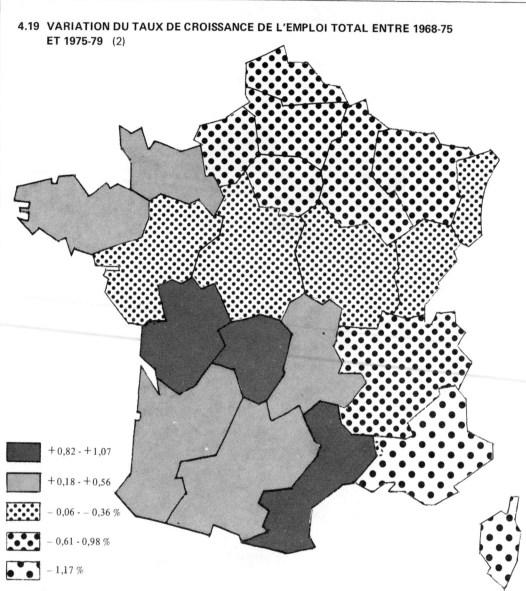

4.19 VARIATION DU TAUX DE CROISSANCE DE L'EMPLOI TOTAL ENTRE 1968-75 ET 1975-79 (2)

+ 0,82 - +1,07

+ 0,18 - +0,56

− 0,06 - − 0,36 %

− 0,61 - 0,98 %

− 1,17 %

    Toutes activités confondues, la période de crise a-t-elle entraîné partout une chute des taux de croissance de l'emploi ? La surprise vient de ce que 8 régions ont vu croître leurs performances par rapport à la période antérieure de forte croissance. Ce sont les 6 régions du quart Sud-Ouest du pays, la Bretagne et la Basse Normandie. Par contre, toutes les régions du Nord, de l'Est et du Sud-Est voient leurs résultats diminuer. 8 régions ont donc «bénéficié» de la crise. Sans doute faut-il être nuancé dans l'analyse : ce résultat est lié au ralentissement de l'exode agricole, voire au développement d'un tertiaire résiduel, et il est certain que si les taux d'évolution de l'emploi se sont élevés, il n'en va pas de même pour la croissance du produit. On doit cependant relever avec force que, par rapport à la situation des années 50, le retournement est aujourd'hui complet et nous invite à une réflexion approfondie.

Source : A. Valeyre, *op. cit.*

4.20 TAUX DE CHOMAGE AU 1.1.82

(demandes d'emploi non satisfaites/population active estimée)   (2)

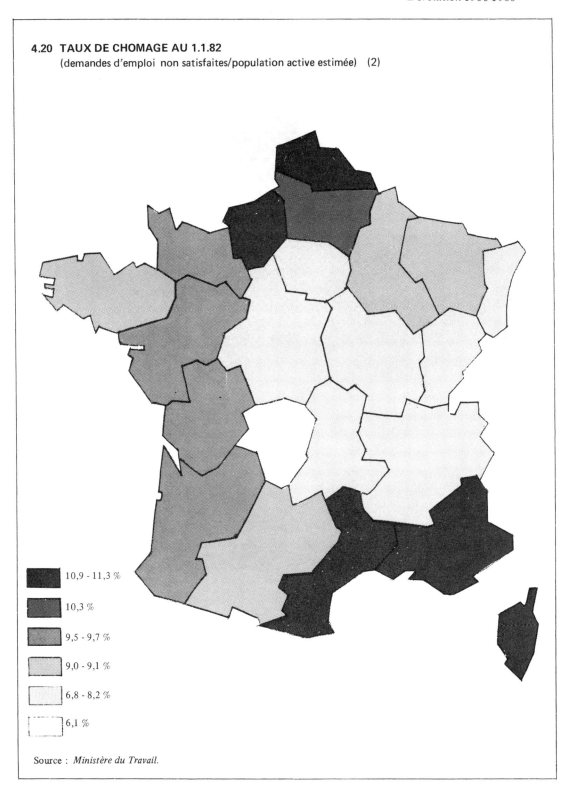

10,9 - 11,3 %

10,3 %

9,5 - 9,7 %

9,0 - 9,1 %

6,8 - 8,2 %

6,1 %

Source : *Ministère du Travail.*

4.21 VARIATION DU TAUX DE CHOMAGE ENTRE LE 1.1.75 ET LE 1.1.82 (2)

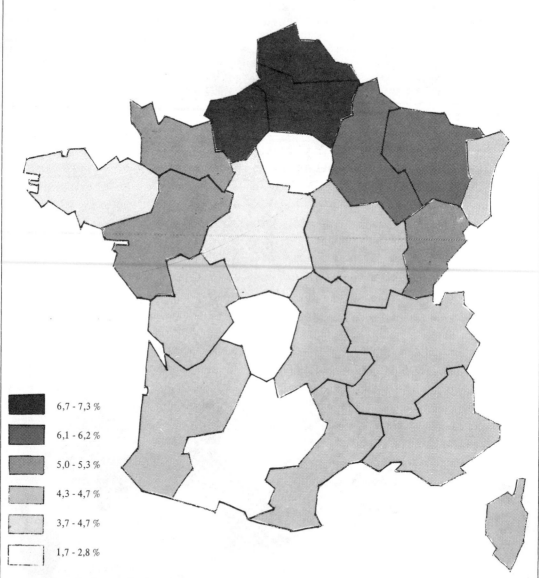

■	6,7 - 7,3 %
■	6,1 - 6,2 %
■	5,0 - 5,3 %
■	4,3 - 4,7 %
□	3,7 - 4,7 %
□	1,7 - 2,8 %

Aujourd'hui, le chômage dépasse 10 % dans 6 régions (les 3 régions les plus septentrionales et les 3 régions les plus méridionales). C'est dans le Centre et l'Est du pays qu'il est le plus faible. La carte est donc toute différente de celle des taux de croissance de l'emploi. Il faut, en effet, tenir compte des mouvements migratoires orientés vers le Midi et qui suscitent le chômage dans des régions qui, cependant, élèvent le volume du travail disponible. On constate d'ailleurs que, si le chômage est élevé dans le Midi, c'est dans les régions du Nord qu'il s'est accru le plus rapidement depuis le déclenchement de la crise.

Source : *Ministère du Travail.*

Solde des migrations inter-régionales, 1954-62 et 1979

Le contraste présenté par ces deux cartes est frappant. La première présente le visage d'une France bien connue dans laquelle la croissance se concentre dans les plus grandes agglomérations du pays qui sont également les plus riches, tandis que les régions traditionnellement agricoles et pauvres abandonnent une part de leur population.

Mais 20 ans plus tard, le tableau est complètement retourné. Les 3 régions les plus industrialisées (Ile de France, Nord, Lorraine) représentent maintenant 83 % des départs nets, tandis que les deux régions méditerranéennes entrent pour 55 % dans les arrivées. Parmi les régions d'immigration, on relève également, contrairement aux tendances séculaires les plus confirmées, la Bretagne, la Corse et le Limousin. Dans l'ensemble, les régions du quart Nord du pays sont des régions d'émigration (à l'exception de l'Alsace), alors que les régions situées au sud d'une ligne St. Malo - Mulhouse sont toutes des zones d'immigration (à l'exception, pour quelques centaines de personnes seulement, de l'Auvergne et de la Franche-Comté).

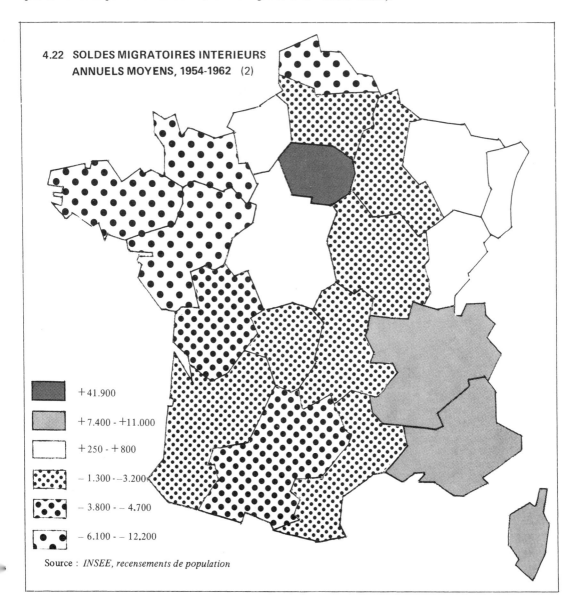

4.22 SOLDES MIGRATOIRES INTERIEURS ANNUELS MOYENS, 1954-1962 (2)

+ 41.900

+ 7.400 - +11.000

+ 250 - + 800

− 1.300 - −3.200

− 3.800 - − 4.700

− 6.100 - − 12.200

Source : *INSEE, recensements de population*

L'orientation vers le soleil, la répulsion croissante inspirée par les grandes agglomérations industrielles sont claires, d'autant plus qu'il ne s'agit pas de se diriger vers des régions riches, ni de fuir le chômage.

En effet, la liaison entre migrations et revenu disparait complètement en 20 années :

corrélation entre migrations nettes et revenu par habitant au niveau régional :

- 1954-62   corrélation avec le revenu 1963   : r = 0,87
- 1962-68   corrélation avec le revenu 1963   : r = 0,39
- 1968-75   corrélation avec le revenu 1963   : r =− 0,57
- 1979   corrélation avec le revenu 1975   : r = − 0,48

L'explication par la fuite devant le chômage n'est pas plus convaincante (corrélation entre les migrations nettes 1979 et le taux régional de chômage au 1.1.80, r = 0,13).

Ajoutons que si en 1954-62, 3 régions seulement étaient attractives, il y en a 11 en 1979 ; l'Ile de France qui accueillait la quasi totalité des migrants est aujourd'hui à l'origine de la moitié des départs.

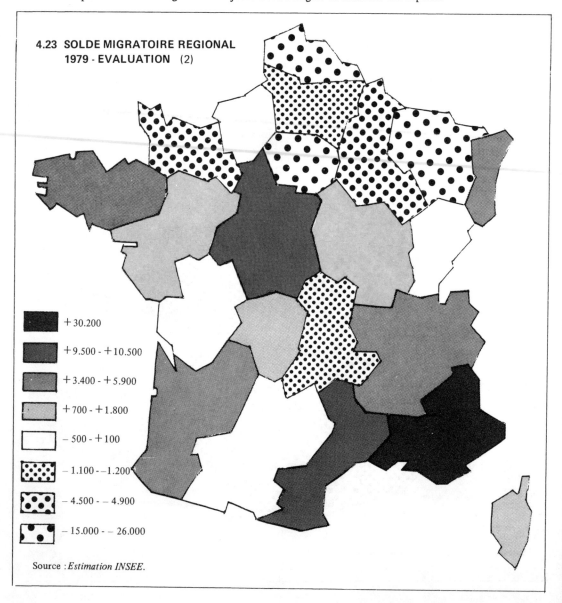

4.23 SOLDE MIGRATOIRE REGIONAL 1979 - EVALUATION (2)

- + 30.200
- + 9.500 - + 10.500
- + 3.400 - + 5.900
- + 700 - + 1.800
- − 500 - + 100
- − 1.100 - − 1.200
- − 4.500 - − 4.900
- − 15.000 - − 26.000

Source : *Estimation INSEE.*

4.24 CROISSANCE DE LA POPULATION TOTALE, 1970-1980
(taux annuel)   (3)

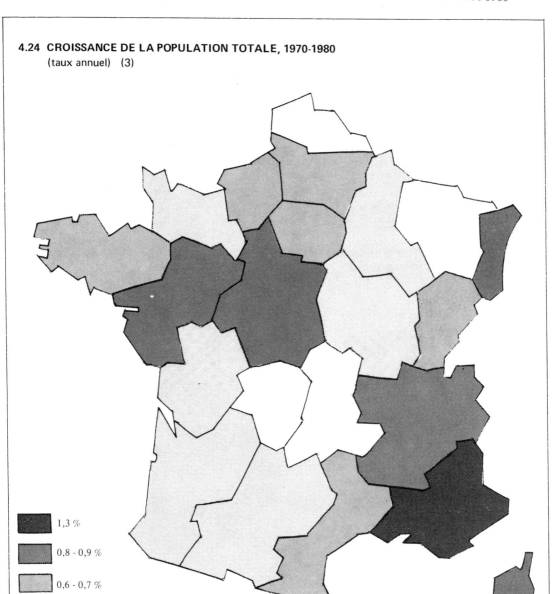

- ⬛ 1,3 %
- ▨ 0,8 - 0,9 %
- ▨ 0,6 - 0,7 %
- ☐ 0,3 - 0,4 %
- ⬚ − 0,1 - +0,2 %

Cette carte qui fait la synthèse de toutes celles qui précèdent, n'appelle pas de longs commentaires. On retrouve les forces qui ont joué à la fin de la période de croissance rapide et durant les 6 premières années de crise. L'Ile de France qui jusqu'alors avait une croissance supérieure à la moyenne nationale, présente ici un chiffre moyen. La désindustrialisation frappe déjà le Nord et la Lorraine, tandis que les régions du Massif Central sont encore déprimées ; les régions de décentralisation et le Sud Est présentent, avec l'Alsace, les performances les plus élevées.

Source : *INSEE, évaluations de population.*

4.25 SALARIES - TAUX DE CROISSANCE ANNUEL MOYEN - 31.12.68 — 31.12.78 (2)

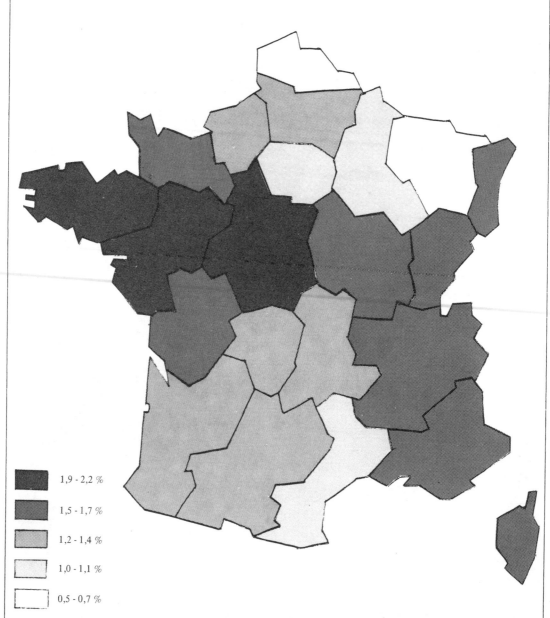

1,9 - 2,2 %

1,5 - 1,7 %

1,2 - 1,4 %

1,0 - 1,1 %

0,5 - 0,7 %

Pour une période voisine de celle qui fait l'objet de la carte précédente, on observe que la salarisation croissante de la société française a touché de façon plus intense les régions de l'Ouest, celles qui faisaient l'objet du flux de décentralisations industrielles et qui voyaient (en proportion) leurs effectifs agricoles diminuer le plus rapidement.

Source : INSEE (ASSEDIC)

Les 3 cartes suivantes (4.26 - 4.27 - 4.28) ne mesurent sans doute pas exactement les mêmes phénomènes. L'effet structurel de la croissance 1954-62 pour la première, le taux moyen de croissance des effectifs industriels pour 1954-75, pour la deuxième, l'infléchissement de la croissance depuis le déclenchement de la crise pour la troisième.

On ne peut cependant manquer d'être frappé par le glissement des zones dynamiques du pays : de la France de l'Est à l'Ouest du Bassin Parisien, et enfin au Sud-Ouest.

S'il faut se méfier de l'aspect spectaculaire de la confrontation (en relevant par exemple, que la croissance accrue du Sud-Ouest relève partiellement de la réduction du taux de décroissance de l'agriculture), on a ici une image schématique de la redistribution spatiale majeure connue en France depuis 30 années.

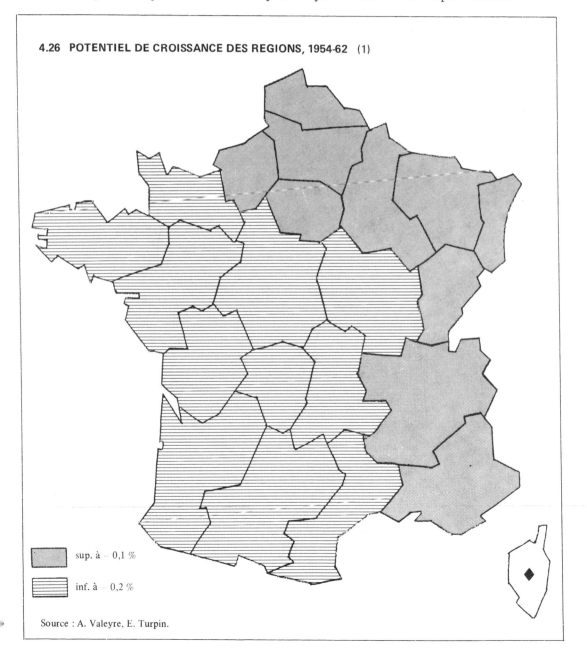

4.26 POTENTIEL DE CROISSANCE DES REGIONS, 1954-62 (1)

sup. à − 0,1 %

inf. à − 0,2 %

Source : A. Valeyre, E. Turpin.

4.27 TAUX DE CROISSANCE DE L'EMPLOI INDUSTRIEL MANUFACTURIER, 1954-1975   (1)

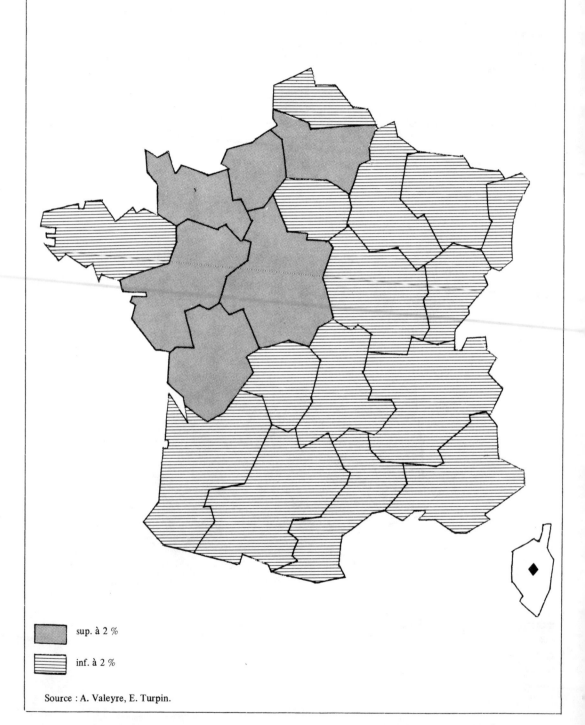

sup. à 2 %

inf. à 2 %

Source : A. Valeyre, E. Turpin.

**4.28 INFLECHISSEMENT DES TAUX DE CROISSANCE DE L'EMPLOI TOTAL
1975-1979/1968-1975 (1)**

accroissement

baisse

Source : A. Valeyre, E. Turpin.

5

LES FINANCES PUBLIQUES ET LES REGIONS

Il ne faut pas confondre deux façons d'aborder l'analyse des finances publiques régionales. On peut analyser d'abord la régionalisation du budget national, l'action régionale des institutions financières nationales, puis s'intéresser à l'action des collectivités publiques locales.

REGIONALISATION DES FINANCEMENTS PUBLICS NATIONAUX

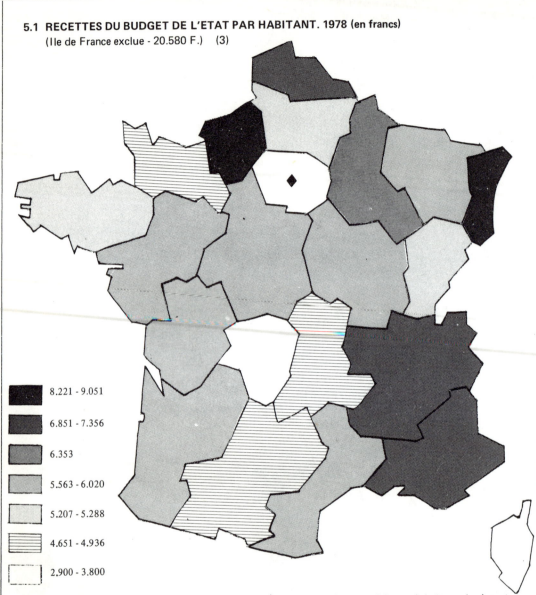

5.1 RECETTES DU BUDGET DE L'ETAT PAR HABITANT. 1978 (en francs)
(Ile de France exclue - 20.580 F.)   (3)

Légende :

- 8.221 - 9.051
- 6.851 - 7.356
- 6.353
- 5.563 - 6.020
- 5.207 - 5.288
- 4.651 - 4.936
- 2.900 - 3.800

    D'où viennent les recettes fiscales du budget de l'Etat ? La région parisienne doit être mise à part pour les raisons analysées plus haut (carte 1.1). Les différences n'en demeurent pas moins très importantes entre les autres régions françaises, l'Alsace, par exemple, contribuant, par habitant, 3 fois plus que la Corse. La structure régionale qui se fait jour ne recoupe pas exactement les indications tirées d'autres indicateurs. Les recettes fiscales constituent une mesure indirecte de facteurs variés (la localisation du siège des entreprises, le caractère plus ou moins marchand des activités régionales, les normes d'imposition — forfait, revenu réel... —). Dans l'ensemble cependant, les régions situées à l'Est de la ligne Le Havre-Marseille contribuent davantage que les autres.

Source : *Ministère du Budget.*

5.2 RECETTES DU BUDGET DE L'ETAT.
TAUX DE VARIATION ANNUEL. 1968-1978 (3)

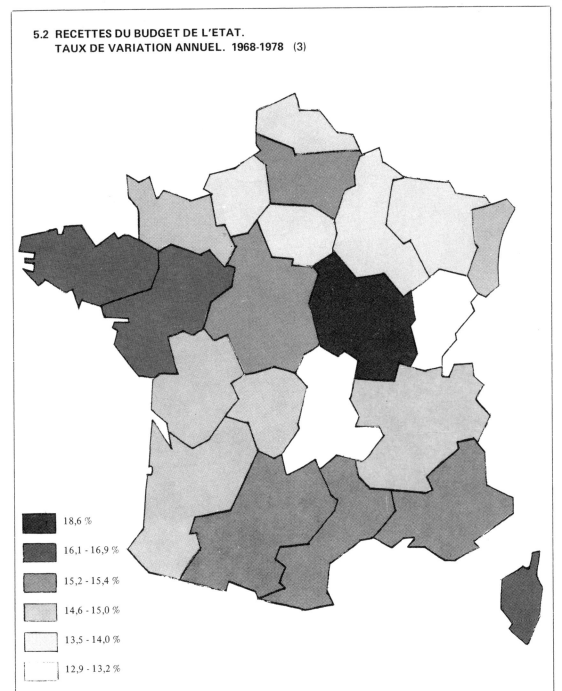

18,6 %

16,1 - 16,9 %

15,2 - 15,4 %

14,6 - 15,0 %

13,5 - 14,0 %

12,9 - 13,2 %

Cette carte est un indicateur approximatif de la croissance des revenus et de l'activité marchande dans les régions sur cette période décennale. La Bourgogne, mais aussi les régions de l'Ouest voient croître leur contribution relative aux recettes du budget, les régions du Nord-Est voient la leur diminuer.

Source : *Ministère du Budget.*

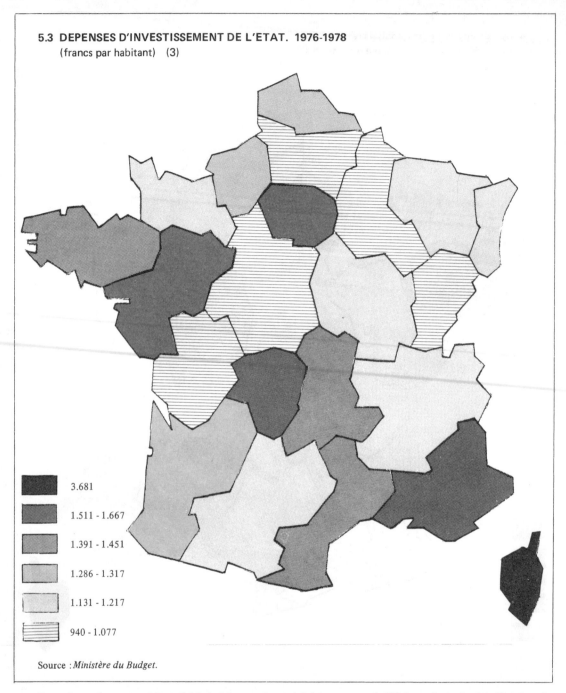

5.3 DEPENSES D'INVESTISSEMENT DE L'ETAT. 1976-1978
    (francs par habitant)   (3)

■	3.681
■	1.511 - 1.667
■	1.391 - 1.451
▨	1.286 - 1.317
▨	1.131 - 1.217
▤	940 - 1.077

Source : *Ministère du Budget.*

On voit sur les cartes 5.3 et 5.4 les régions qui ont été (en termes relatifs) les principales bénéficiaires des dépenses d'investissement de l'Etat, au cours des 3 années 1976 à 1978. La région parisienne quoique n'étant pas prioritaire, bénéficie de dépenses importantes en raison de son rôle de capitale, recevant tous les équipements réalisés en exemplaire unique. Pour l'essentiel l'effort le plus important est observé dans les régions considérées comme «enclavées» et relativement en retard : le Massif Central, la Bretagne, la Corse. Le Midi méditerranéen est également bien doté.

5.4 DEPENSES D'INVESTISSEMENT DE L'ETAT.
TRANSPORTS ET TELECOMMUNICATIONS 1976-1978
(francs par habitant) (3)

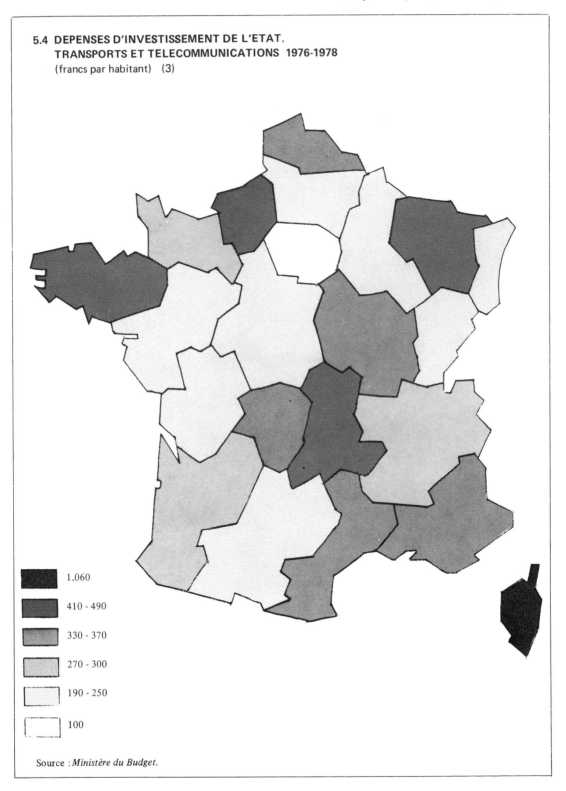

1.060

410 - 490

330 - 370

270 - 300

190 - 250

100

Source : *Ministère du Budget.*

5.5 PRIMES POUR LE DEVELOPPEMENT REGIONAL. 1977-1979
(francs par habitant)   (3)

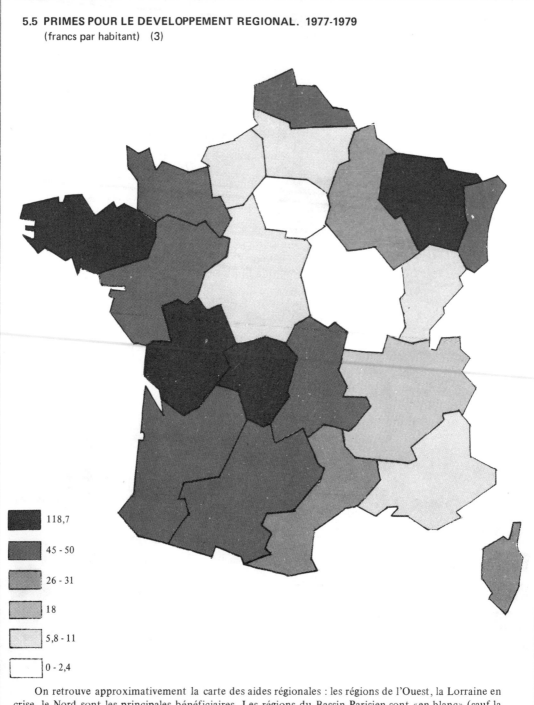

118,7

45 - 50

26 - 31

18

5,8 - 11

0 - 2,4

On retrouve approximativement la carte des aides régionales : les régions de l'Ouest, la Lorraine en crise, le Nord sont les principales bénéficiaires. Les régions du Bassin Parisien sont «en blanc» (sauf la Champagne à cause des Ardennes).

Source : F.D.E.S.

5.6 PRETS DES PRINCIPAUX ORGANISMES DE CREDIT. 1979.

(francs par habitant)   (3)

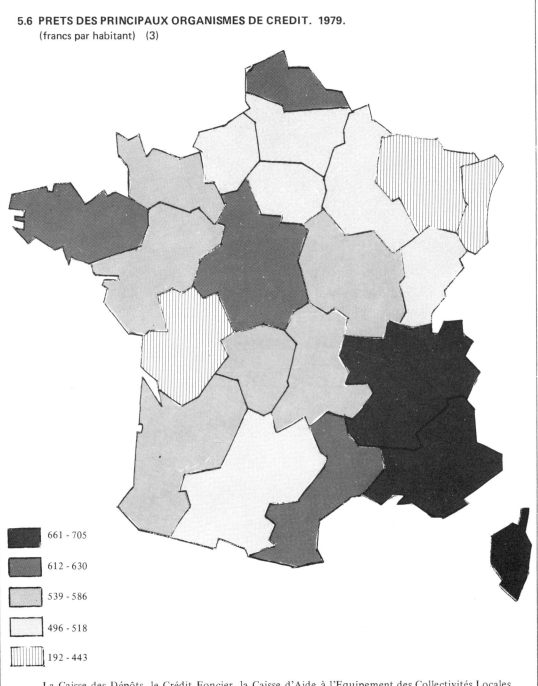

661 - 705

612 - 630

539 - 586

496 - 518

192 - 443

La Caisse des Dépôts, le Crédit Foncier, la Caisse d'Aide à l'Equipement des Collectivités Locales répartissent leur activité sur le territoire comme l'indique la carte 5.6. Le Sud-Est est privilégié, mais dans l'ensemble les calculs qui président à la répartition régionale des crédits ne paraissent pas évidents.

Source : *C.D.C., Crédit Foncier, C.A.E.C.L.*

FINANCES PUBLIQUES LOCALES

5.7 ADMINISTRATIONS PUBLIQUES LOCALES.
   MONTANT DES RESSOURCES PAR HABITANT. 1974   (3)

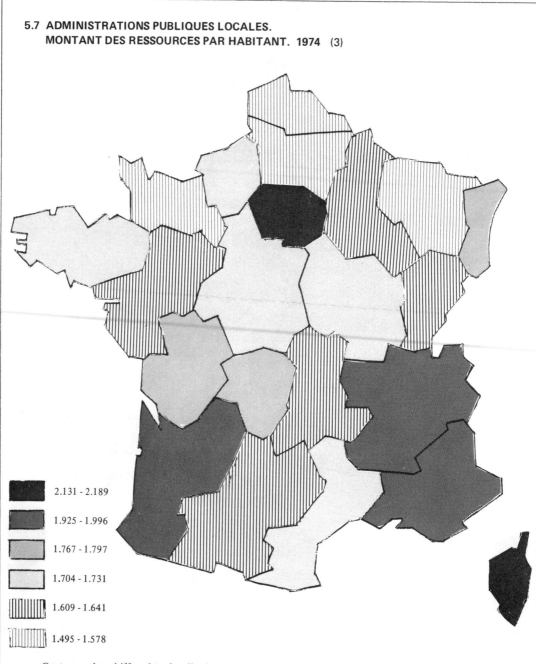

	2.131 - 2.189
	1.925 - 1.996
	1.767 - 1.797
	1.704 - 1.731
	1.609 - 1.641
	1.495 - 1.578

On trouve les chiffres les plus élevés dans les régions qui ont les plus fortes capacités contributives, mais aussi dans celles qui, considérées comme relativement pauvres, reçoivent d'importantes subventions.

Source : *Ministère du Budget.*

5.8 SUBVENTIONS RECUES PAR LES ADMINISTRATIONS PUBLIQUES LOCALES. 1974
(francs par habitant) (3)

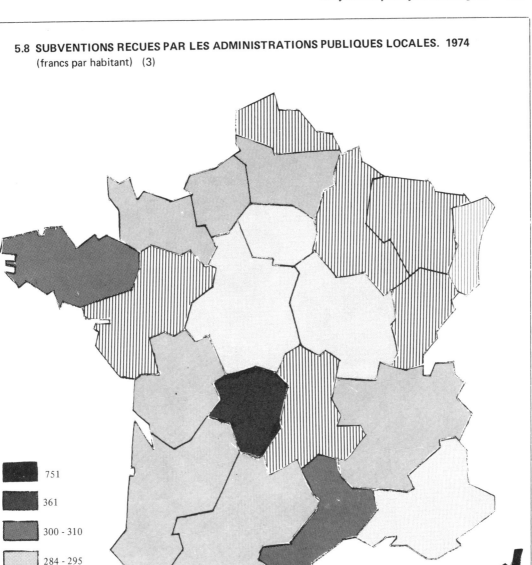

■	751
■	361
■	300 - 310
□	284 - 295
□	270 - 275
▥	236 - 259
▥	218

La Corse, le Limousin, la Bretagne et le Languedoc sont les principaux bénéficiaires des flux de subventionnement public, tandis que les régions de l'Est sont, dans l'ensemble, défavorisées. La liaison avec le niveau de la richesse régionale est respectée approximativement.

Cette carte qui indique qui paye pour qui, montre que la solidarité nationale est une réalité.

Source : *Ministère du Budget*

5.9 DEPENSES D'INVESTISSEMENT DES COLLECTIVITES LOCALES. 1976-1978
(mandatements par habitant)   (3)

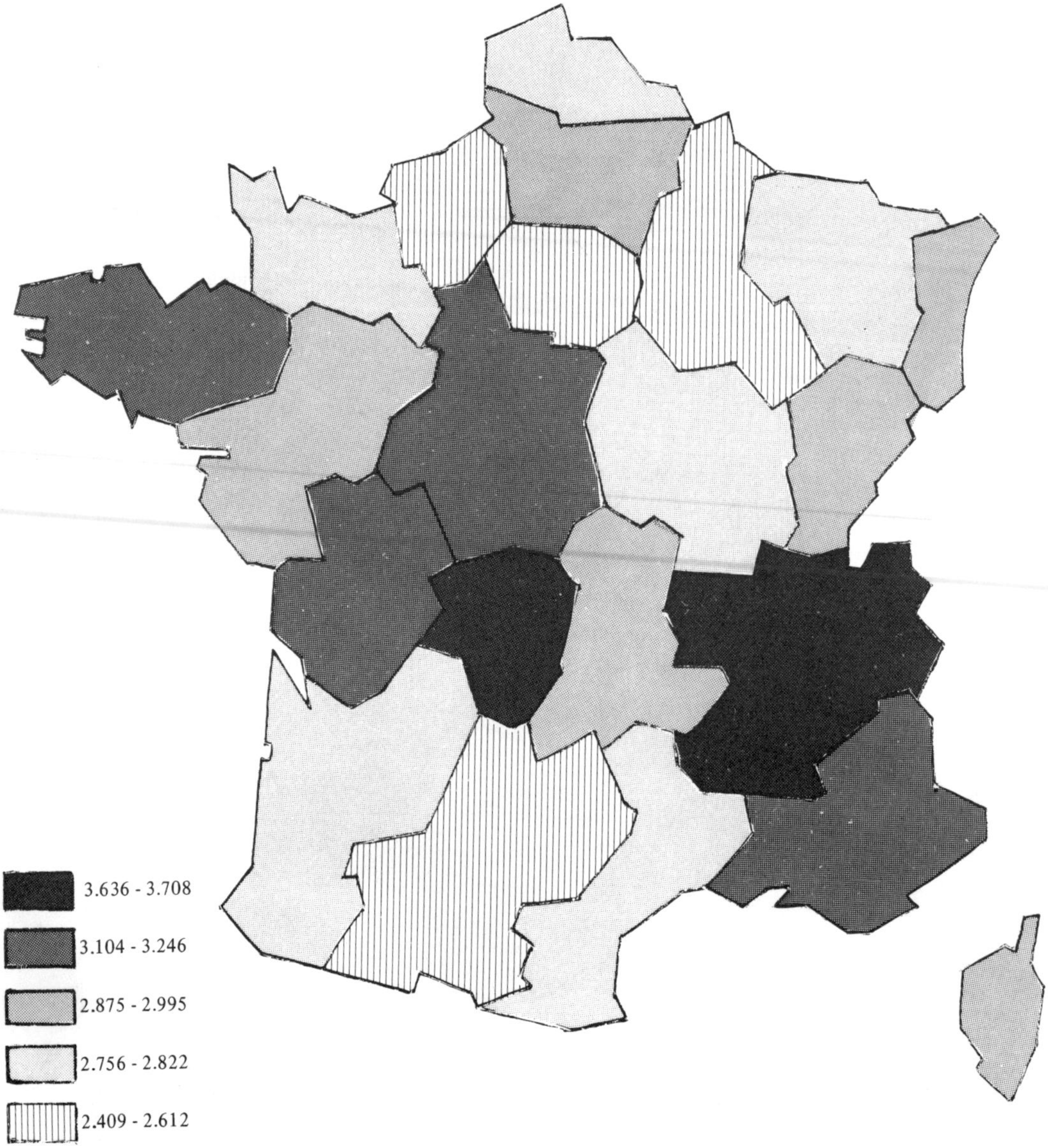

3.636 - 3.708

3.104 - 3.246

2.875 - 2.995

2.756 - 2.822

2.409 - 2.612

La carte classe les régions selon leur effort d'investissement. La région parisienne vient en queue de liste (alors qu'elle bénéficiait assez largement des dépenses d'investissement de l'Etat). Cette carte qui exprime le degré de liberté des régions, et l'usage qu'elles font de leurs ressources, apparaît comme un patch-work, difficile à interpréter en termes économiques.

Source : *Ministère du Budget.*

5.10 BUDGET REGIONAL PAR HABITANT. 1981   (3)

(Francs par habitant)

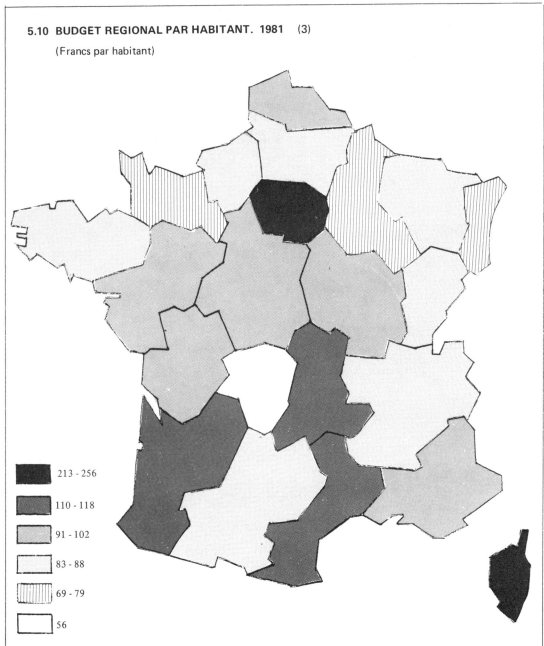

213 - 256

110 - 118

91 - 102

83 - 88

69 - 79

56

Malgré les limites étroites que la législation nationale a fixées jusqu'à aujourd'hui au fonctionne-
ment des E.P.R., des différenciations importantes se font jour. D'année en année, les politiques se diffé-
rencient d'une région à l'autre. On retrouve la position dominante de l'Ile de France et de la Corse que
d'autres cartes ont déjà mise en évidence (compte tenu des subventions qui s'ajoutent aux recettes fis-
cales).

Source : *Ministère du Budget.*

6

LES MODES DE VIE

Observer la façon dont vivent les gens sur le territoire nous met d'abord en présence de différences qui sont des originalités maintenues malgré les fortes tendances à l'uniformisation qui dominent en France depuis longtemps. On peut se demander si ces différences ne cachent pas une inégalité véritable entre les hommes. D'une carte à l'autre, nous la verrons progressivement se dessiner.

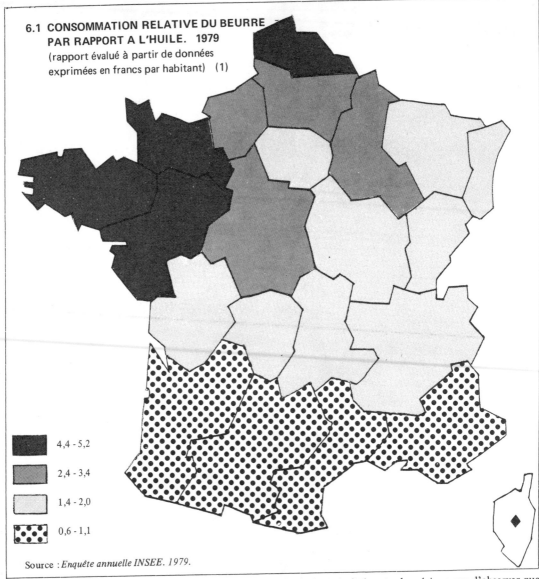

**6.1 CONSOMMATION RELATIVE DU BEURRE
PAR RAPPORT A L'HUILE. 1979**
(rapport évalué à partir de données
exprimées en francs par habitant) (1)

4,4 - 5,2

2,4 - 3,4

1,4 - 2,0

0,6 - 1,1

Source : *Enquête annuelle INSEE. 1979.*

Il s'agit ici (cartes 6.1, 6.2, 6.3, 6.4, 6.5) moins de relever des inégalités entre les régions que d'observer que les habitudes alimentaires demeurent assez nettement différenciées dans la France d'aujourd'hui, d'une région à l'autre. La comparaison des consommations de beurre et d'huile est particulièrement spectaculaire : la carte fait apparaître 3 grandes zones : le Sud où la consommation d'huile domine, l'Ouest où la consommation de beurre est plus de 4 fois supérieure à celle de l'huile ; enfin le Centre et l'Est où les consommations sont plus équilibrées.

On peut faire une constatation voisine en comparant les deux cartes suivantes qui mesurent les consommations de vin et de bière : le vin domine dans le Sud, la bière dans le Nord.

Les cartes relatives aux consommations de légumes et de viande de boucherie nous mettent peut-être en présence d'une inégalité réelle : le sud du pays domine en effet pour ces deux consommations : si une certaine proximité des lieux de production peut rendre compte des différences de consommation pour les légumes, il n'en va manifestement pas de même pour la viande de boucherie.

(N.B. : les informations relatives à la Corse étaient disponibles mais le nombre de personnes interrogées insuffisant).

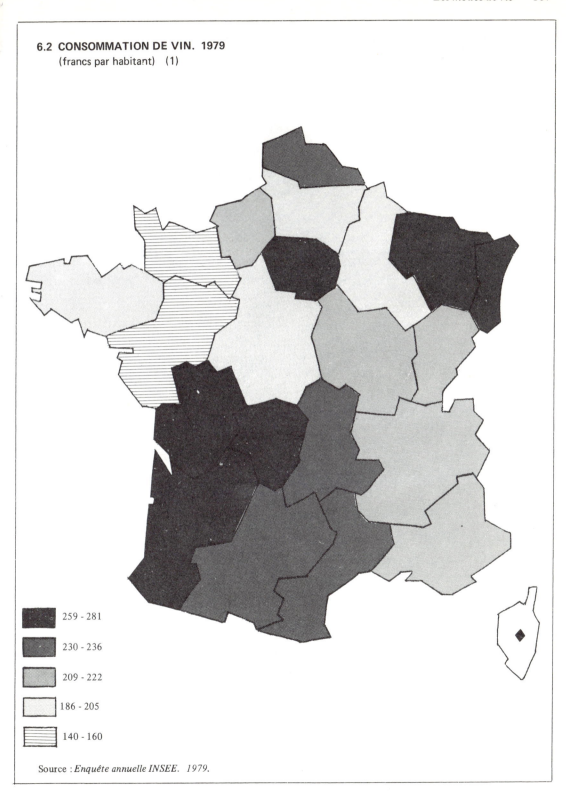

6.2 CONSOMMATION DE VIN. 1979
(francs par habitant)   (1)

259 - 281

230 - 236

209 - 222

186 - 205

140 - 160

Source : *Enquête annuelle INSEE. 1979.*

6.3 CONSOMMATION DE BIERE. 1979.

(francs par habitant)   (1)

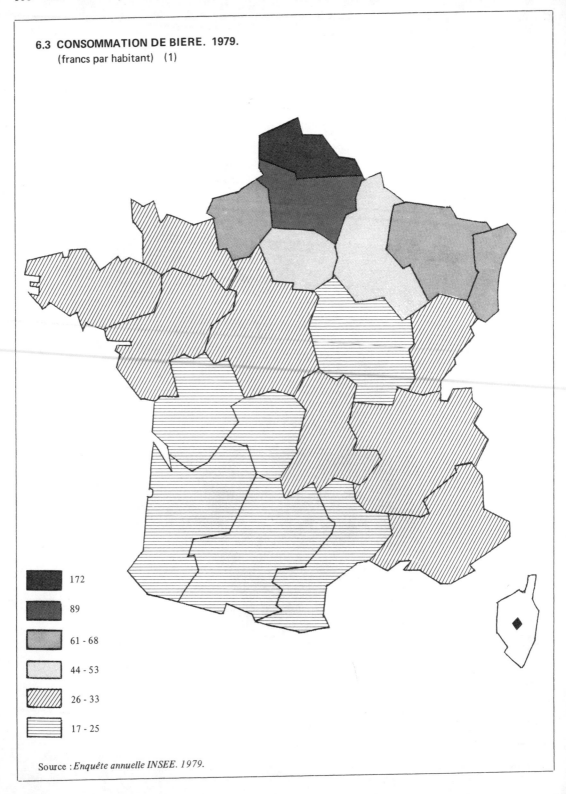

172

89

61 - 68

44 - 53

26 - 33

17 - 25

Source : *Enquête annuelle INSEE. 1979.*

6.4 CONSOMMATION DE LEGUMES. 1979
  (francs par habitant) (1)

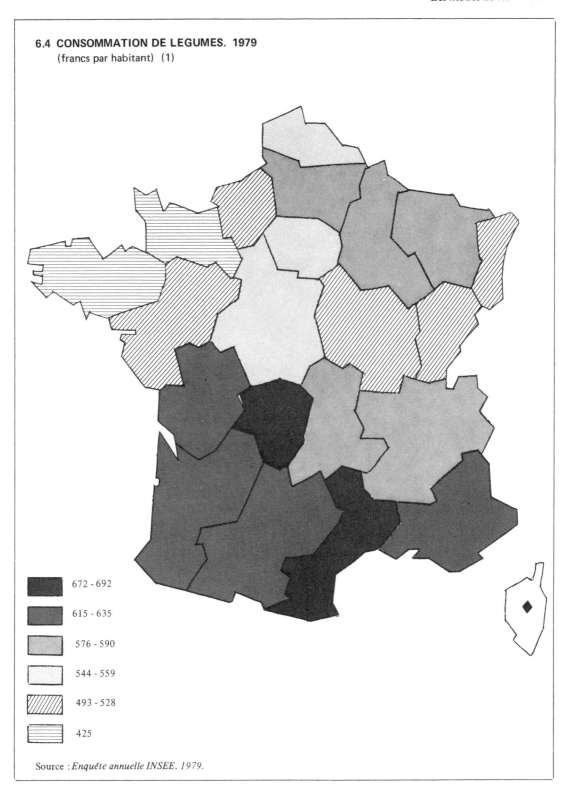

672 - 692

615 - 635

576 - 590

544 - 559

493 - 528

425

Source : *Enquête annuelle INSEE. 1979.*

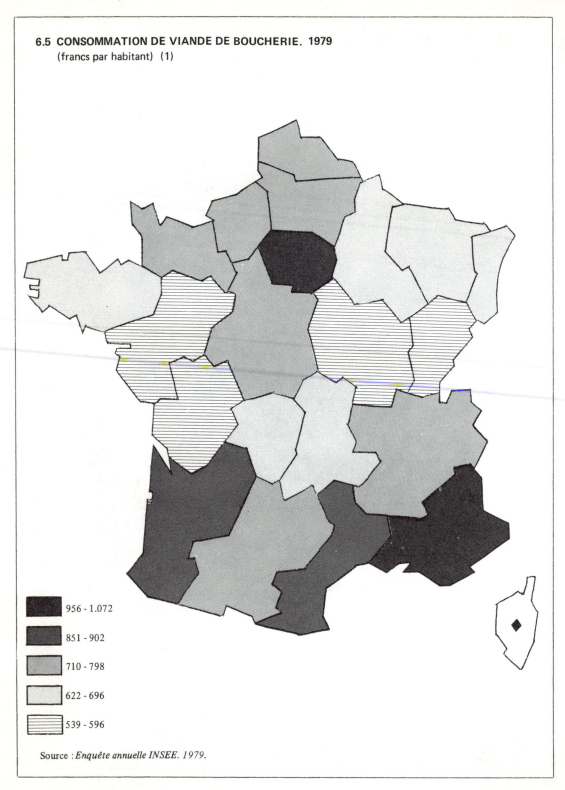

6.5 CONSOMMATION DE VIANDE DE BOUCHERIE. 1979
(francs par habitant) (1)

956 - 1.072

851 - 902

710 - 798

622 - 696

539 - 596

Source : *Enquête annuelle INSEE. 1979.*

6.6 TAUX D'URBANISATION. 1975
(part de la population régionale résidant dans des unités urbaines de plus de 20.000 habitants) (1)

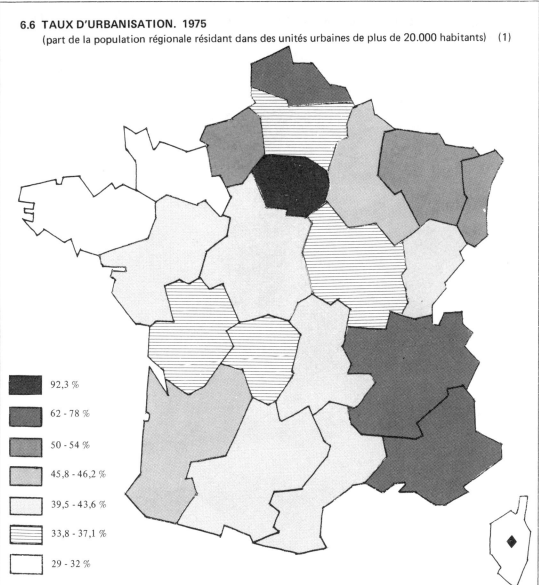

■	92,3 %
▨	62 - 78 %
▨	50 - 54 %
▨	45,8 - 46,2 %
▨	39,5 - 43,6 %
▨	33,8 - 37,1 %
□	29 - 32 %

On a mesuré sur cette carte la proportion des populations régionales résidant dans des unités urbaines de plus de 20.000 habitants ; cette définition est sans doute plus représentative de l'urbanisation actuelle que celle qui aurait adopté le taux légal (établi à partir d'une limite de 2.000 hts). Ce faisant, on exclut les petites villes considérées ainsi comme relevant d'un type d'habitat encore marqué par son environnement rural.

La carte met en évidence la prééminence de l'agglomération parisienne qui a longtemps stérilisé l'urbanisation dans le Bassin Parisien. Les zones d'industrialisation ancienne ont créé des agglomérations importantes dans le Nord et l'Est, tandis que les capitales régionales du Midi ont longtemps confisqué la croissance démographique de leur région et ne leur ont pas permis dans l'ensemble d'atteindre un niveau élevé d'urbanisation.

Source : *INSEE, recensement de la population.*

6.7 PROPORTION DES PROPRIETAIRES DANS L'ENSEMBLE DES RESIDENCES PRINCIPALES 1975 (3)

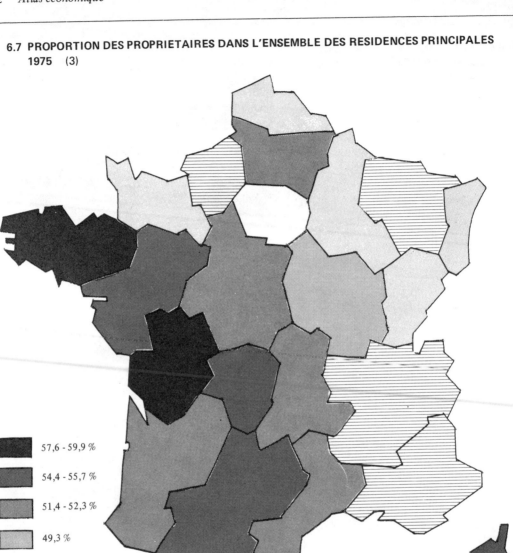

■	57,6 - 59,9 %
▓	54,4 - 55,7 %
▒	51,4 - 52,3 %
░	49,3 %
░	45,7 - 47,9 %
☰	42,3 - 44 %
□	36,4 %

Cette carte n'a pas seulement un intérêt anecdotique. Le propriétaire de son logement a un comportement différent (par exemple par rapport à des perspectives de migration) et il supporte des coûts moindres pour se loger. On remarque que les régions les plus urbanisées comptent la plus faible proportion de ménages propriétaires de leur logement ; deux modèles apparaissent clairement différenciés : le modèle industriel-urbain, basé sur la location et le HLM, le modèle agro-rural fondé sur la propriété immobilière. Malgré 20 années d'aide à l'accession à la propriété, le clivage demeure très net. Relevons que le coefficient de corrélation avec le taux d'urbanisation (limite des 20.000 hbts) atteint − 0,75.

Source : *INSEE, recensement de la population.*

TAUX D'EQUIPEMENT EN BIENS DE CONSOMMATION DURABLES

Télévision

Si l'on construit la carte des taux d'équipement pour 1969, la structure obtenue est nettement corrélée avec les niveaux de revenu régional moyen (r = + 0,65). Dix ans plus tard, la situation est retournée comme on l'a vu plus haut : les taux d'équipement les plus élevés sont atteints dans les régions les moins riches alors que la région parisienne est mal placée. Le «statut social» de la détention d'un téléviseur s'est donc transformé en 10 années. Mieux encore, en 1969, la télévision était en noir et blanc, alors que 10 ans plus tard, la couleur et le noir et blanc se partagent le marché. Si aujourd'hui le taux d'équipement en postes noir et blanc est corrélé négativement avec le niveau du revenu régional moyen (r = − 0,70), la possession de téléviseurs couleur est encore synonyme de

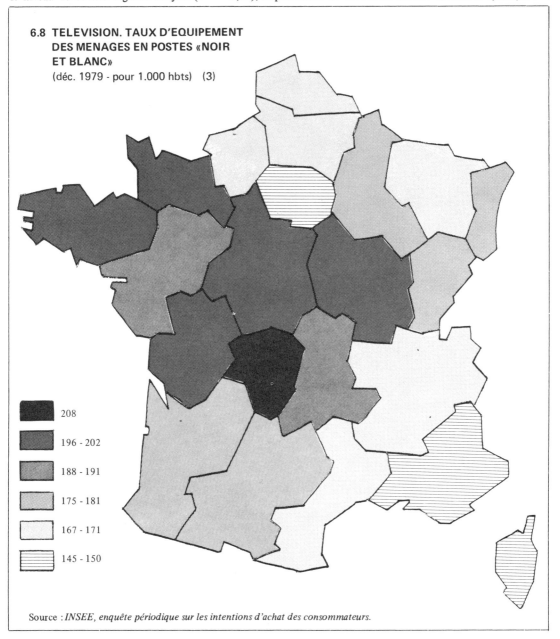

6.8 TELEVISION. TAUX D'EQUIPEMENT DES MENAGES EN POSTES «NOIR ET BLANC»
(déc. 1979 - pour 1.000 hbts) (3)

- 208
- 196 - 202
- 188 - 191
- 175 - 181
- 167 - 171
- 145 - 150

Source : *INSEE, enquête périodique sur les intentions d'achat des consommateurs.*

richesse (r = + 0,52). Dans l'ensemble et en schématisant, on trouve dans les régions à revenu relativement faible davantage de téléviseurs mais ils sont surtout des postes en noir et blanc, alors que dans les régions riches, l'équipement est inférieur mais il incorpore une proportion supérieure de postes couleur. L'enrichissement amènerait à se détourner partiellement de la télévision, tout en glissant vers la couleur.

Le coefficient de corrélation entre les deux cartes (6.8 et 6.9) atteint − 0,64, ce qui montre bien la dualité des comportements, et la signification opposée que l'on accorde à ces deux équipements qui ont exactement la même fonction.

(Notons que le faible taux d'équipement de la Corse tient sans doute aux mauvaises conditions de réception qui ont longtemps prévalu dans cette région).

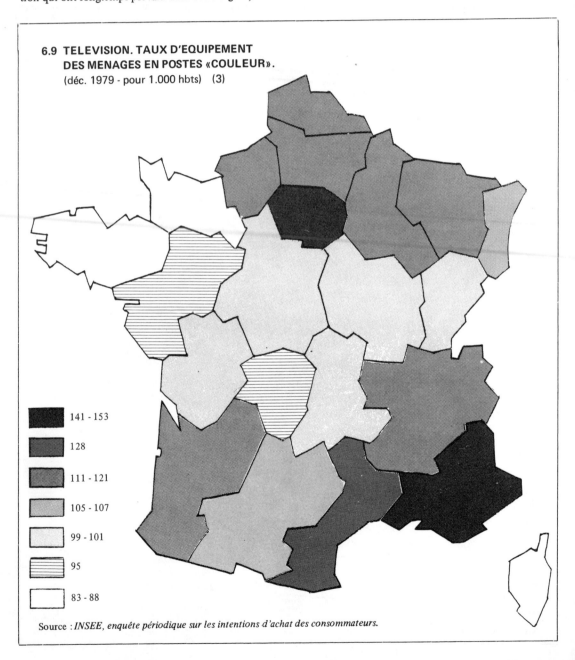

6.9 TELEVISION. TAUX D'EQUIPEMENT DES MENAGES EN POSTES «COULEUR».
(déc. 1979 - pour 1.000 hbts)   (3)

141 - 153

128

111 - 121

105 - 107

99 - 101

95

83 - 88

Source : *INSEE, enquête périodique sur les intentions d'achat des consommateurs.*

6.10 LAVE-VAISSELLES. TAUX D'EQUIPEMENT DES MENAGES. 1979 (2)

■	16,9 - 18 %
▩	14,4 - 15,6 %
▨	12,1 - 13,5 %
□	10,6 - 11,4 %
≡	8,7 %

    Il s'agit ici d'un bien apparu récemment sur le marché et qui s'est trouvé largement concentré au départ dans les fractions de la population à revenu élevé. La carte exprime une structure que l'on a déjà observée, avec les taux les plus élevés dans l'Ile de France, la région lyonnaise et en Provence. Elle incorpore un effet revenu et un effet grandes villes qui sont habituellement les premières à adopter ce genre d'innovations.

Source : *INSEE, enquête périodique sur les intentions d'achat.*

6.11 CONGELATEURS. TAUX D'EQUIPEMENT DES MENAGES. 1979   (2)

- 37 - 38 %
- 33 - 34 %
- 30 - 31 %
- 23 - 26 %
- 14 - 19 %

La carte obtenue ici s'éloigne complètement des modèles précédents et ne fait apparaitre de liaison ni avec le taux d'urbanisation (r = − 0,43), ni avec le niveau de revenu. Bien au contraire, une liaison nette apparaît avec la part des agriculteurs dans la population active (r = + 0,67). Les ruraux peuvent être amenés davantage que les citadins à conserver une alimentation disponible à une période déterminée (récolte, chasse...) alors que les citadins achètent leur alimentation en fonction de leurs besoins.

Source : *INSEE, enquête périodique sur les intentions d'achat.*

6.12 CONSOMMATION TELEPHONIQUE MOYENNE PAR HABITANT. 1979 (2)

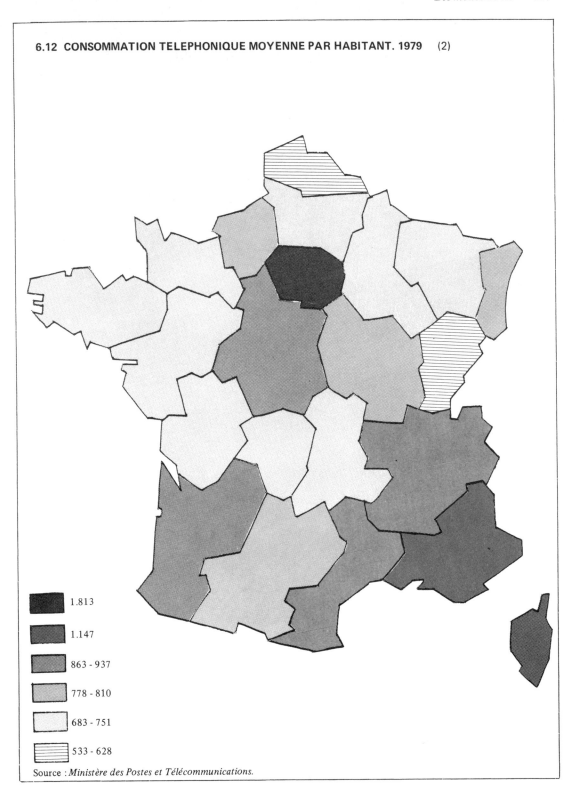

1.813

1.147

863 - 937

778 - 810

683 - 751

533 - 628

Source : *Ministère des Postes et Télécommunications.*

**6.13 TAUX D'ACCROISSEMENT ANNUEL MOYEN
DU NOMBRE D'ABONNEMENTS TELEPHONIQUES PRINCIPAUX.
1970-1979   (2)**

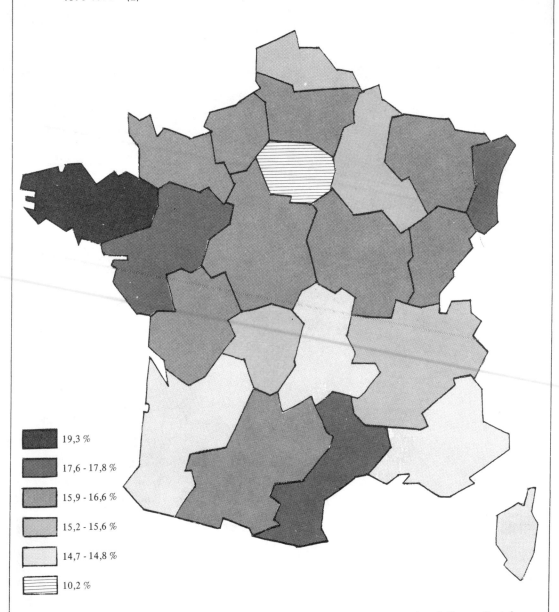

19,3 %

17,6 - 17,8 %

15,9 - 16,6 %

15,2 - 15,6 %

14,7 - 14,8 %

10,2 %

Depuis 10 ans, le rattrapage a été très net (les taux d'augmentation du nombre de lignes allant de 9,5 % en Ile de France, région la mieux équipée, à 17,2 % en Bretagne qui avait en 1968 l'une des plus faibles densités. Aujourd'hui, si les écarts se sont réduits, le Nord et le Nord-Est du pays demeurent en retard, à l'exception de l'Alsace.

Source : *Ministère des Postes et Télécommunications.*

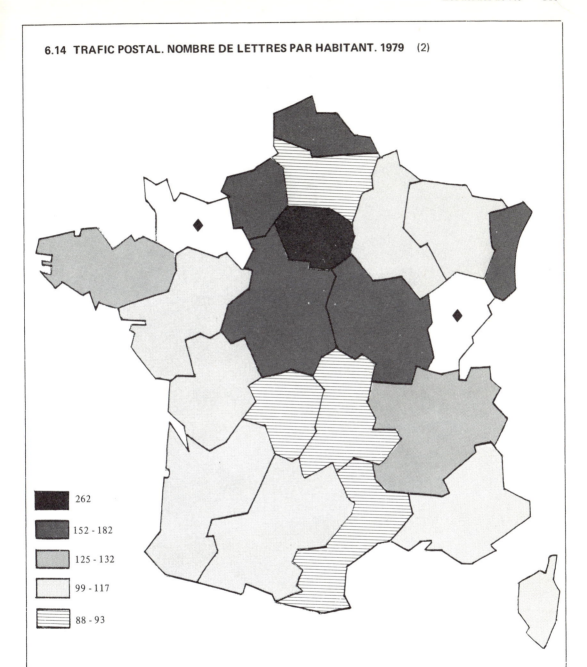

6.14 TRAFIC POSTAL. NOMBRE DE LETTRES PAR HABITANT. 1979 (2)

262

152 - 182

125 - 132

99 - 117

88 - 93

Contrairement à l'hypothèse qu'on pourrait faire, il n'y a pas de compensation avec la consommation téléphonique : à quelques exceptions près (le Nord par exemple qui téléphone peut mais écrit beaucoup), il y a un certain parallélisme entre les comportements postaux et téléphoniques ; l'Ile de France vient en tête pour les deux formes de communication. On peut observer une liaison avec l'urbanisation.

Source : *Ministère des Postes et Télécommunications.*

LES CONSOMMATIONS ENERGETIQUES

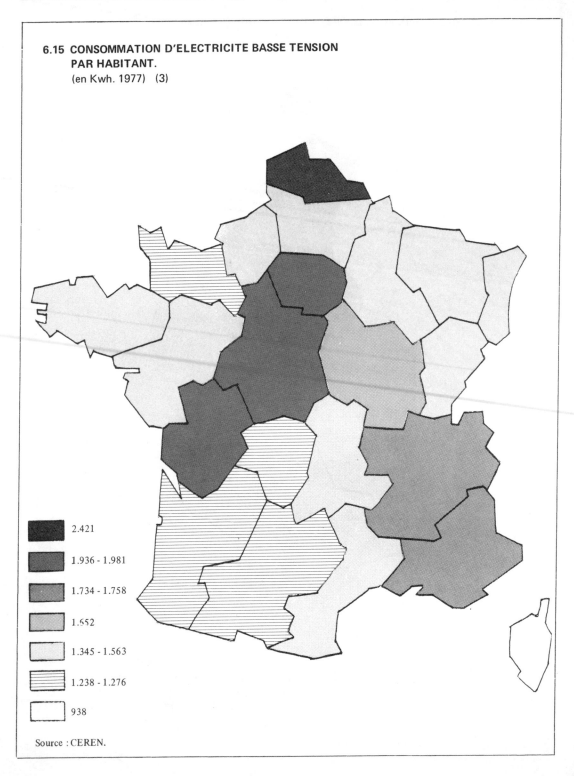

6.15 CONSOMMATION D'ELECTRICITE BASSE TENSION PAR HABITANT.

(en Kwh. 1977)   (3)

2.421

1.936 - 1.981

1.734 - 1.758

1.552

1.345 - 1.563

1.238 - 1.276

938

Source : CEREN.

6.16 CONSOMMATION DE FUEL DOMESTIQUE PAR HABITANT.
(en kg. 1979) (3)

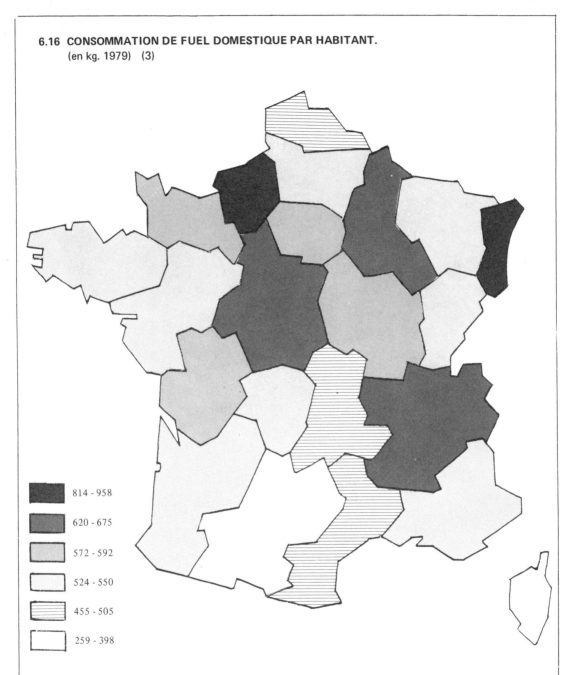

■	814 - 958
▨	620 - 675
▨	572 - 592
☐	524 - 550
▤	455 - 505
☐	259 - 398

Pour être complet, il aurait fallu ajouter le gaz domestique ; de même il faut noter que l'artisanat et la petite industrie utilisent l'électricité basse tension et le fuel. Bornons nous ici à relever les spécificités régionales : le Nord consomme plutôt l'électricité alors que l'Alsace et la Haute Normandie utilisent une proportion supérieure de produits pétroliers ; la Champagne consomme davantage de fuel et le Poitou davantage d'électricité.

Source : *Comité interprofessionnel du pétrole.*

6.17 HOPITAUX PUBLICS.
(nombre de lits pour 1000 hbts. 1977)   (3)

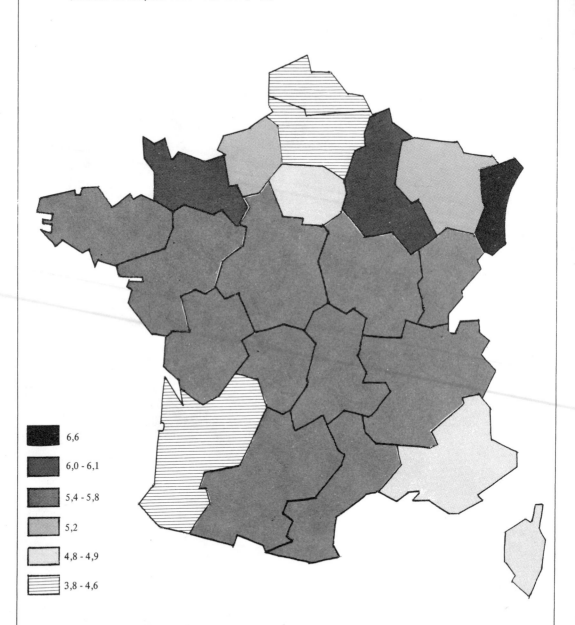

6,6

6,0 - 6,1

5,4 - 5,8

5,2

4,8 - 4,9

3,8 - 4,6

La carte peut surprendre. Aucune liaison ne se fait jour avec la proportion de la population âgée ($r = 0,13$), pas davantage avec la densité de médecins ($r = -0,08$). Il n'y a pas non plus de compensation claire avec les lits proposés par les cliniques... Et pourtant l'équipement varie d'une région à l'autre dans des proportions considérables.

Source : *Ministère de la Santé*

6.18 EFFECTIFS UNIVERSITAIRES
   (pour 100 hbts), 1978-79   (3)

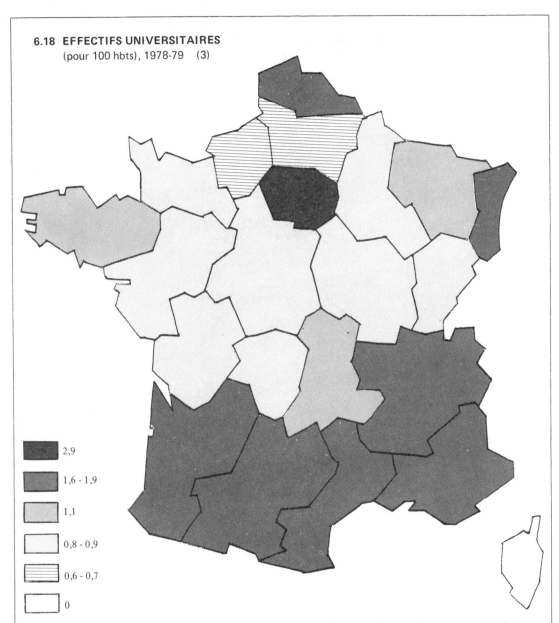

2,9

1,6 - 1,9

1,1

0,8 - 0,9

0,6 - 0,7

0

   Il faut commencer par noter que les étudiants fréquentant une Université peuvent venir d'une autre région que celle où est implantée cette université, si bien que la carte ne mesure pas exactement la probabilité pour les habitants de chaque région de fréquenter l'université. Cependant, la liaison évidente avec la carte suivante montre bien que les diplômés de l'enseignement supérieur tendent à demeurer là où ils ont obtenu leur diplôme.

   On relève un modèle assez habituel dans nos cartes : l'Ile de France en tête, suivie par les régions méridionales qui possèdent des universités anciennes et importantes. Les universités du Bassin Parisien sont de création récente et conservent des dimensions faibles en relation avec l'importance de leur population.

Source : *Ministère de l'Education Nationale*

6.19 DIPLOMES D'UN NIVEAU SUPERIEUR AU BACCALAUREAT. 1975
(en % de la population de 17 ans et plus)   (3)

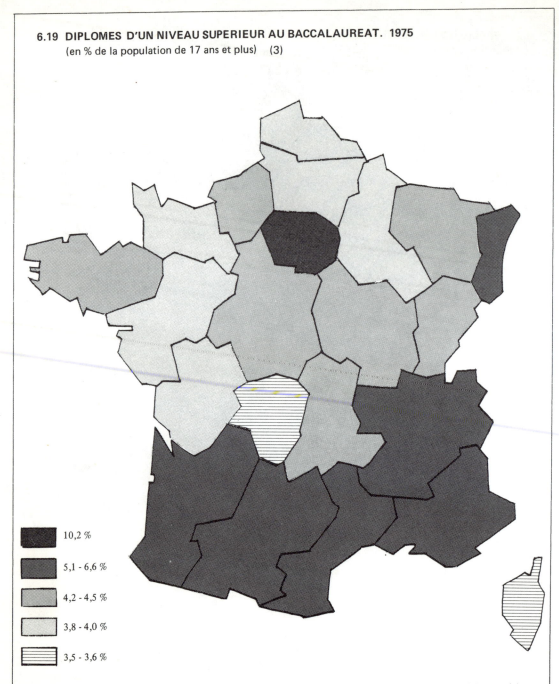

10,2 %

5,1 - 6,6 %

4,2 - 4,5 %

3,8 - 4,0 %

3,5 - 3,6 %

Cette carte, reflet presque parfait de la précédente, montre que l'Ile de France et les régions méridionales profitent de l'ancienneté de leurs universités et de la structure élevée des emplois qu'elles offrent.

Source : *INSEE, Recensement de la population.*

6.20 TAUX DE DEPART EN VACANCES. ETE 1978 (3)

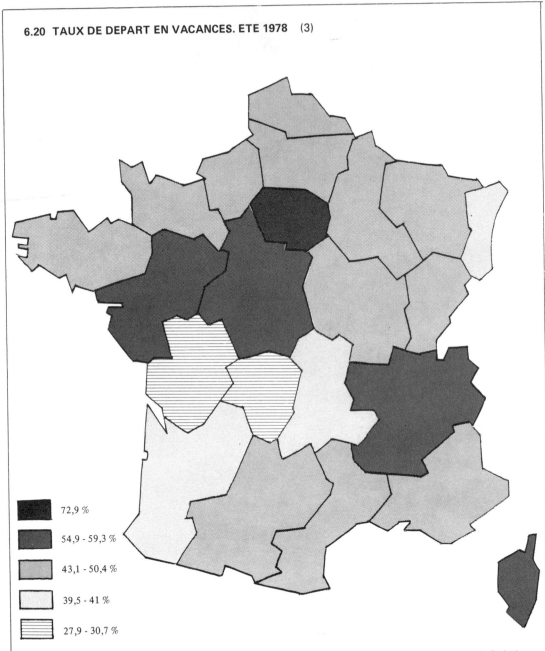

■ (noir)	72,9 %
■ (gris foncé)	54,9 - 59,3 %
■ (gris)	43,1 - 50,4 %
□ (gris clair)	39,5 - 41 %
▤ (hachuré)	27,9 - 30,7 %

Si cette carte fait apparaître des «points forts» qui peuvent surprendre (Centre, Pays de la Loire), elle présente dans l'ensemble une corrélation satisfaisante avec le taux d'urbanisation (r = 0,58), avec la part des agriculteurs dans la région (liaison négative r = − 0,48), avec le revenu moyen des ménages (r = 0,69), avec la part des cadres dans la population active (r = 0,65).

Cependant, à revenu égal, on observe qu'on part davantage en vacances dans le Nord que dans le Midi ; c'est dire que la qualité de l'environnement peut dissuader de quitter son domicile en été.

Source : *INSEE, enquête sur les intentions d'achat des particuliers.*

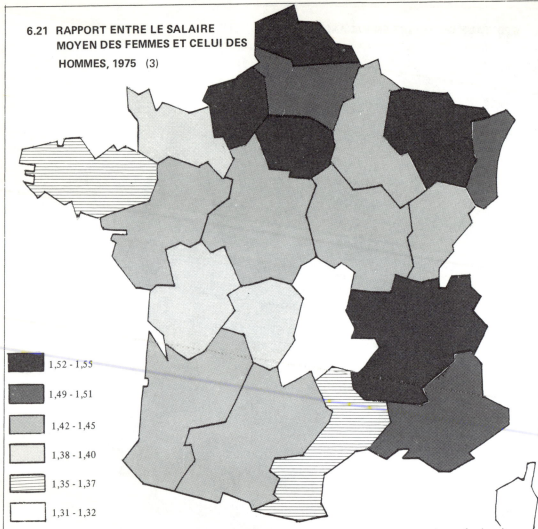

6.21 RAPPORT ENTRE LE SALAIRE MOYEN DES FEMMES ET CELUI DES HOMMES, 1975   (3)

1,52 - 1,55

1,49 - 1,51

1,42 - 1,45

1,38 - 1,40

1,35 - 1,37

1,31 - 1,32

Les résultats incorporent à la fois les différences de qualification et de structure socio-professionnelle, et les différences de salaires pour un emploi identique (qui devraient, d'après la législation, ne pas exister). Ils font apparaître des différences importantes (le salaire masculin moyen dépassant le salaire féminin de 31 à 55 % selon les régions). Dans l'ensemble, cette inégalité est la plus forte dans les régions de vieille industrialisation de l'Est et du Nord de la France. Ce sont des régions dans lesquelles les industries lourdes emploient surtout des hommes qui ont su valoriser la technicité et la pénibilité de leur travail, tandis que les femmes, souvent employées dans le textile ou les secteurs annexes du textile, voient plus rarement reconnue leur qualification.

Dans les régions de décentralisation et les zones moins industrialisées du pays, les écarts sont moindres car cette répartition des tâches entre hommes et femmes, observée dans le Nord et l'Est, apparaît moins. L'unité de la période d'industrialisation (entre 1950 et 1975) débouche sur une plus grande unité des destins ouvriers. Si, sans doute, les femmes constituent bien les gros bataillons d'OS, les hommes trouvent assez peu d'emplois qualifiés sur place, et, s'ils n'émigrent pas, ils doivent accepter des fonctions et des salaires à peine supérieurs à ceux qui sont dévolus aux femmes. L'inégalité des sexes relève alors surtout de la différenciation des taux d'emploi.

Source : INSEE.

6.22 CONFORT DU LOGEMENT
(proportion de logements possédant eau chaude + baignoire ou douche - 1975)   (3)

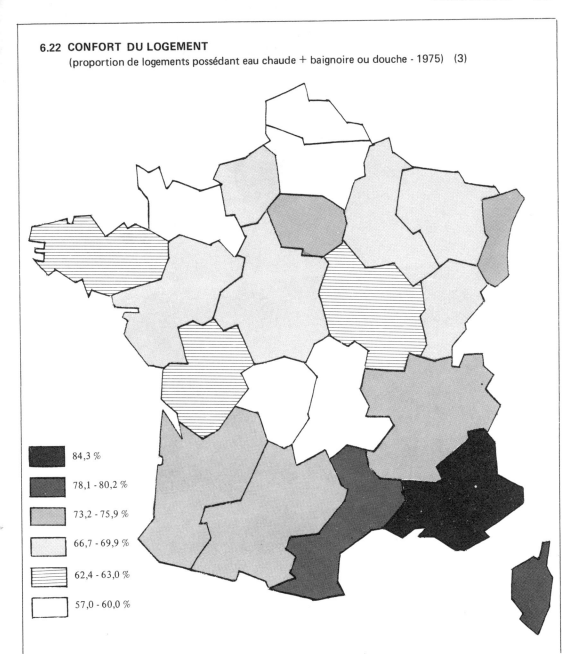

84,3 %

78,1 - 80,2 %

73,2 - 75,9 %

66,7 - 69,9 %

62,4 - 63,0 %

57,0 - 60,0 %

Le choix de l'indicateur de confort est significatif : si l'on avait tenu compte du chauffage central, les régions du Midi, moins bien équipées sous ce chapitre pour des raisons climatiques, auraient vu se dégrader leur position relative par rapport aux autres régions. Il nous a semblé plus sage d'éliminer ce facteur lié au climat.

On voit alors l'excellente position relative des régions méridionales et la médiocre situation du logement dans les régions du Nord et du Massif Central. Il y a un «effet-richesse» mais aussi un effet «Midi» indiscutable.

Source : *INSEE, Recensement de la population.*

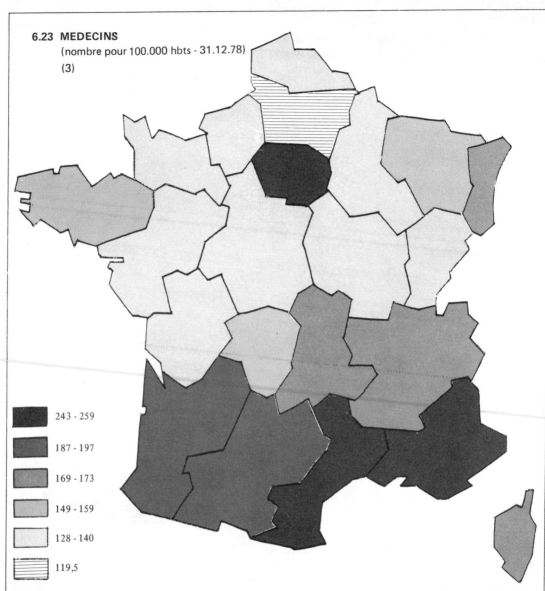

6.23 MEDECINS
(nombre pour 100.000 hbts - 31.12.78)
(3)

▓	243 - 259
▓	187 - 197
▓	169 - 173
▓	149 - 159
▢	128 - 140
▤	119,5

Cette carte en recoupe bien d'autres : forte densité en Ile de France et dans les régions méridionales, faible densité dans les régions du Bassin Parisien. Cependant, la recherche de la logique d'une telle structure n'est pas simple. La corrélation avec le revenu régional par habitant est peu significative ($r = 0,27$) ; le taux d'urbanisation (à la limite des 20.000 habitants) offre un résultat meilleur ($r = 0,58$) laissant à penser que les médecins préfèrent résider dans des villes grandes ou moyennes et abandonnent les campagnes. Mais ce sont les explications les moins attendues ou les plus impertinentes qui sont statistiquement les meilleures : les corrélations avec la consommation téléphonique par habitant (0,73), avec la part de la population ayant un niveau supérieur au baccalauréat (0,78), ou avec la part des cadres dans la population active (0,78) suggèrent l'idée selon laquelle l'acte médical apparaît aujourd'hui dans les comportements comme une consommation culturellement valorisée, comme une façon sophistiquée de dépenser son argent.

Source : *Ministère de la Santé.*

6.24 TAUX COMPARATIF DE MORTALITÉ. 1975
France = 100 (2)

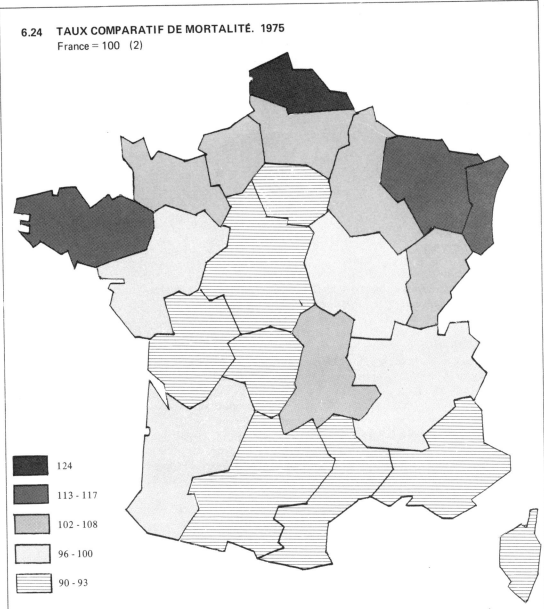

124

113 - 117

102 - 108

96 - 100

90 - 93

    Les taux de mortalité ramenés à une structure par âge identique fournissent peut-être une bonne mesure des inégalités fondamentales. Les zones de vieille industrie, l'ensemble des régions du Nord et de l'Est du pays connaissent la situation la plus défavorable, alors que les taux décroissent quand on se dirige vers le Midi.

    Aucune corrélation stricte ne se fait jour ni avec les chiffres de densité médicale (r = − 0,46), ni avec le taux d'équipement en lits d'hôpital (r = − 0,17).

    Le taux élevé observé en Bretagne amène à proposer l'idée que les habitudes de consommation plus que l'histoire industrielle peuvent rendre compte de ces différences que les niveaux de vie n'expliquent pas.

Source : INSEE.

CONCLUSION

Il serait parfaitement vain de vouloir résumer les enseignements de ces cartes. Aucune moyenne, aucune analyse de données ne permettra de répondre par un classement synthétique à la question des inégalités régionales.

On a vu se succéder des types spatiaux différents, certains «classiques» (la France du Nord Est se détachant face à une France de l'Ouest), d'autres qui opposent Ile de France et régions méditerranéennes au Bassin Parisien et à l'Ouest, d'autres encore opposant les régions situées à l'Ouest de Paris au reste du pays. Et puis, çà et là, des cartes patch work, sans ordre apparent, mêlant des processus variés ou relevant de périodes différentes...

Certaines cartes expriment le passé, d'autres (mais comment savoir lesquelles ?) expriment sans doute la structure de la France de demain.

Que répondre à la question centrale : y a-t-il eu rattrapage réel des inégalités, ou simple reproduction sous une forme nouvelle des inégalités anciennes ? La réponse n'est pas simple et ces cartes ne peuvent qu'aider à forger une opinion. Leur objectif était davantage de revenir sur des idées simples mais fausses, que d'imposer des conclusions.

La relativité des notions de richesse et de pauvreté paraît s'imposer : selon la mesure, l'observateur, l'interprétation que chacun en donnera, les conclusions changent. Il n'y a ici aucune vérité objective et, derrière l'impassibilité des chiffres demeure la liberté du lecteur.

Et l'avenir ? Quelles sont les structures régionales qui offrent les meilleures chances pour demain ? Mais il faudrait savoir définir l'objectif : la croissance, la réduction du chômage, l'aptitude au développement autocentré ? Ici encore, chacun doit choisir sa réponse.

Composé par Economica, 49, rue Héricart, 75015 PARIS
Imprimé en France. — JOUVE, 18, rue Saint-Denis, 75001 PARIS
N° 10596. Dépôt légal : Octobre 1982